INHALT

- **8** Die schönsten Buchten und Strände
- **30** Das typische Mallorca
- **46** Der Garten Mallorcas
- **59** Die schönsten Urlaubsplätze
- **74** Ein Besuch in Palma de Mallorca
- **89** Urlaubserinnerungen – Traditionen und Kunsthandwerk
- **102** Mallorca von A–Z

Die schönsten Buchten und Strände

Neben den bekannten und vielbesuchten Stränden kann man sie noch finden, die zauberhaften, einsamen Buchten

Mallorca zählt zu den beliebtesten Urlaubszielen im Mittelmeer – und das inzwischen schon seit Jahrzehnten. Wer einmal die Insel auf eigene Faust erkundet hat, der wird sicherlich immer wiederkommen.

Wir Mallorca-Freunde wissen auch warum: Sicher, auf der größten Insel der spanischen Balearen gibt es sie nicht mehr zu entdecken, die unbekannten Strände, die unerforschten Robinson-Buchten. Aber genauso sicher findet der, der nicht ausgetretenen Pfaden folgt, weit mehr wunderschöne, einsame Flecken am Wasser als man jemals vermutet hätte. Dies ist auch der Grund, warum sich Jahr für Jahr immer mehr deutschsprachige Urlauber ein festes Domizil auf der Insel zulegen.

Mallorca hat für jede Urlaubsform etwas zu bieten: sowohl für denjenigen, der Abwechslung, Strandleben, Bars und Discos sucht als auch für denjenigen, der Ruhe und Entspannung bevorzugt.

Mal cami pasarlo prest«, lautet ein mallorquinisches Sprichwort, den schlechten Weg soll man schnell passieren. Aber was ein schlechter Weg oder Platz ist, entscheidet immer noch der einzelne nach seinem Geschmack. Deshalb haben wir uns entschlossen, bei einer Inselumrundung, von Palma ausgehend im Uhrzeigersinn, auch gut besuchte, für manchen deshalb vielleicht überfüllte Buchten und Strände mit einzubeziehen, wenn sie mit Grund einen Besuch wert sind.

Mallorca ist eine Insel der Gegensätze. Belebte Ferienzentren und die mondäne Welt der Jachthäfen wie in Palma (oben), wo über der Stadt das martialische Castell de Bellver wacht, gibt es genauso wie Wandererruhe und schöne einsame Strände, etwa am Ende der Bucht von Alcúdia (links).

Von Palma geht's also in Richtung Westen. Zwischen den Touristenzentren von Cala Major/Illetas und Magaluf, die fest in englischer und skandinavischer Hand sind, finden wir in der Bucht von Portals Nous mit dem Jachthafen Puerto Portals ein mondänes Schaustück, das man wie ein aufgesetztes Theaterstück genießen kann und soll. Wer sein Segelboot hier vertäuen darf, gehört wenigstens zum Geldadel. Entsprechend mondän empfehlen sich die

Im Sommer wird's enger. Die Cala San Vincente im Nordwesten der Insel ist eine kleine, landschaftlich reizvolle Bucht mit einem hellen, feinen Kieselstrand neben einem Hotel.

Restaurants, zu ihnen gehört das vom deutschen Koch Heinz Winkler zu Michelin-Stern-Ehren geführte »Tristan«, und Boutiquen entlang der Hafenpromenade. Selbstverständlich gibt es Tische auf der Insel, an denen man die gegrillten Sardinen billiger serviert bekommt. Aber die Show der schicken Flaneure hat schließlich ihren Preis. Kaum zu glauben, daß es in nahezu unmittelbarer Nachbarschaft von Mondänität und Touristenzentren

Das Mallorca-Kaleidoskop liefert Farben in allen Abstufungen. Das Violett der Bougainvilleas kontrastiert mit dem Blau des Meeres (rechts). Die Heringe des Fischers auf dem Wochenmarkt von Sineu glänzen silbrig (unten). Und der Sandstrand neben dem Hafen von Porto Colóm hat ein verblichenes Weiß (links).

Strände gibt, die von einladender Großartigkeit sind. Zu finden sind sie auf dem zwischen den Urlaubszentren Magaluf und Santa Ponsa/Paguera gelegenen Cap de Cala Figuera (nicht zu verwechseln mit dem zauberhaften Fischerhafen Cala Figuera an der Ostküste, den wir bei unserer Inselumrundung auch noch besuchen werden).

Das Cap de Cala Figuera hat gleich drei Badebuchten, die hauptsächlich von Mallorquinern aus Palma besucht werden, was an Wochenenden und Feiertagen zu belebten, aber auch dann keineswegs überfüllten Stränden führt. Und: Man bekommt auch in der Hauptsaison ein Gefühl von balearischer Ursprünglichkeit. Der am Ende schmaler werdende sandige Weg ans Meer führt durch eine abwechslungsreiche Landschaft.

Hinter einem Golfplatz erreicht man die Sandbuchten Cala El Mago 1, mit einem Schatten spendenden Kiefernwald und einer Selbstbedienungsbar (die Sandwiches

Überall reckt die Insel ihre Spitzen in das Mittelmeer. Auf einer davon, dem vor Puerto de Andraitx im äußersten Südwesten liegenden Cap de Mola, durfte ein Festlandsspanier sein Ferienhaus bauen.

In der Abenddämmerung schickt der Leuchtturm vom Cap de Formentor sein Licht in die Richtung von Mallorcas nördlich gelegener Schwesterinsel Menorca (oben).

Landschaftlich schöner kann kaum ein Golfplatz liegen wie der von Pollensa. Die Fairways durchziehen ein Hügelgelände mit Höhenunterschieden bis zu 75 Metern. Olivenbäume spenden Schatten (links).

sind eine Wucht), und Cala El Mago 2, mit Parkplatz und teurem Fischrestaurant, die kleine Badeparadiese sind, weil das Wasser nur sanft tiefer wird. Vorsicht ist nur an den Rändern geboten, weil sich dort Seeigel ansiedeln. Draußen vor den Buchten dümpeln oft Jachten.

Das gilt auch für die dritte und schön-

ste Sandbucht auf dem Cap: Portals Vells. Wörtlich übersetzt heißt das: alte Tore. Gemeint damit sind jene Öffnungen in den Klippenwänden, die entstanden, weil man hier die Marés-Steine für den Bau der Kathedrale von Palma herausbrach.

Der nächste nennenswerte Halt ist gewissermaßen geadelt: Puerto de Andraitx, Mallorcas äußerste südwestliche Bucht, benutzt Spaniens König Juan Carlos gern als Liegeplatz für seine herrschaftliche Segeljacht. Dem Jachthafen gegenüber liegt die Mole, an der die Fischerboote anlegen. Mit Chance verkaufen die Fischer am Nachmittag sogar et-

RANDNOTIZEN

Insel der Piraten
Als es noch keine richtungweisenden Leuchtfeuer auf der Insel gab, konnten nur die findigsten Seeleute Mallorca bei Tag und Nacht, bei Regen und Nebel anfahren – und das waren nicht selten Piraten. Seeräuberei hat auf der Insel mit ihren vielen, oftmals vom Lande gar nicht zugänglichen Buchten seit frühester Zeit eine Rolle gespielt. Die Piraten nutzten auch die Höhlen von Artá und die deshalb so benannten Cuevas del Pirata südlich von Porto Cristo als Stützpunkte, von denen aus sie immer wieder brutale Überfälle auf Orte wie Alcúdia, Valldemossa oder Andraitx wagten. Erst als die Mallorquiner auf Anweisung von Kaiser Philipp II. ein Frühwarnsystem entwickelten, konnten die Piraten zurückgedrängt werden: Man verlegte die Städte weiter ins Inselinnere und stellte an den Küsten sogenannte Piratentürme auf, von denen Späher rund um die Uhr auf herannahende Freibeuterschiffe achteten. Als schließlich 1571 eine algerisch-türkische Piratenflotte Mallorca angreifen wollte, konnte diese in der Seeschlacht von Lepanto geschlagen werden.

Erfrischung tut not auf Mallorca. Interessant geformte Brunnen in Palma (unten links) spenden Wasser für die erhitzte Stirn. Gegen den Durst gibt's an vielen Straßen halbierte Wassermelonen zu kaufen (unten rechts).

WISSENSWERTES ÜBER LAND UND LEUTE

Ein wahres Golfplatz-Paradies
Mallorca ist mit seinen zehn wunderschön angelegten Golfplätzen ein Paradies für Golfer. Ein Überblick:
Golf Pollensa, Pollensa, Tel. 53 32 16, Platzlänge: 5304 Meter, Par: 70, Greenfee: 5000 ptas
Golf Poniente, Costa de Calviá, Tel. 13 01 48, Platzlänge: 6430 Meter, Par: 72, Greenfee: 6200 ptas
Golf Santa Ponsa II, Nova Santa Ponsa, Tel. 69 02 11, Platzlänge: 6053 Meter, Par: 72, Greenfee: 6200 ptas (nur in Begleitung von Mitgliedern)
Vall d'Or Golf, S'Horta, Tel. 83 70 68, Platzlänge: 5799 Meter, Par: 71, Greenfee: 5900 ptas
Canyamel Golf Club, Capdepera, Tel. 56 44 57, Platzlänge: 6115 Meter, Par: 72, Greenfee: 5500 ptas
Capdepera Golf Club, Capdepera, Tel. 56 58 75, Platzlänge: 6283 Meter, Par: 72, Greenfee: 5500 ptas
Club de Golf Son Servera, Costa de los Pinos/Servera, Tel. 56 78 02, Platzlänge: 5956 Meter, Par: 72, Greenfee: 5000 ptas
Golf Santa Ponsa I, Nova Santa Ponsa, Tel. 69 02 11, Platzlänge: 6520 Meter, Par: 72, Greenfee: 6200 ptas
Real Golf de Bendinat, Urbanización Bendinat/Calle Campoamor, Tel. 40 52 00, Platzlänge: 4988 Meter, Par: 68, Greenfee: 5000 ptas
Son Vida Golf, Urbanización Son Vida/Palma de Mallorca, Tel. 79 12 10, Platzlänge: 5705 Meter, Par: 72, Greenfee: 6200 ptas

---

was von ihrem frischen Fang direkt am Kai.

Hinter Andraitx beginnt der westliche Gebirgsrücken der Sierra de Tramuntana, an dessen Flanke zum Mittelmeer hin es viel Steilküste und nur wenige, dann zwar landschaftlich höchst reizvolle, aber eben deshalb auch gut besuchte Buchten und Strände gibt: San Telmo gehört dazu, das steinige Gestade von Puerto de Valldemossa, die Felsenbucht Cala de Deià, die schmalen Sandstreifen von Puerto de Sóller und schließlich die nördlich von Sóller liegende, über eine gefährliche Serpentinenstraße erreichbare Kiesbucht Sa Calobra mit der sich zum Meer hin öffnenden Schlucht des Torrent de Pareis.

Die nördliche Spitze von Mallorca heißt Cap de Formentor. Sie hat eine sehr abgelegene schroffe Bucht, deren Sand- und Steinstrand man nur zu Fuß nach einem einen Kilometer langen Weg vom Ende der Autostraße aus erreicht. Dort wo die Halbinsel Formentor beginnt, gibt es die wunderschöne, von Kiefern umstandene Cala Pi de la Posada, die früher nur den Gästen des exklusiven Hotels Formentor zugänglich war. Heute ist der Sandstrand mit seinem Angebot für Surfer, Segler und Wasserskifahrer ein beliebtes Ausflugsziel. Das gilt auch für die sich anschließenden Strände in den Buchten von Pollensa und Alcúdia.

Erst zum Ende der Bucht von Alcúdia, ein paar Kilometer östlich des hier meist von den Deutschen besuchten Areals, findet man in der Colonia de San Pedro am Ende eines von Son Serra heranreichenden Landschaftsschutzgebiets wieder eine schöne, in urtümliche Landschaft eingebettete Sandbucht ohne jeden Rummel. Gleiches gilt für die Sanddünen vorgelagerte Cala Mesquida und weit ausschwingende Cala Guya an der Nordostküste. Letztere ist allerdings schon stark durch die Urlauber von

Man ist nicht allein. Die schmalen Sandstreifen entlang der Strandstraße von Puerto de Sóller ziehen viele Sonnenhungrige an. Die Badeplätze verbindet eine gemütliche Straßenbahn.

Cala Ratjada und Playa de Canyamel besucht. Von Canyamel erreicht man über einen kurzen Abstecher ins Inselinnere, nach Son Servera, die Costa de los Pinos mit einigen kleinen Buchten und Stränden, die nicht vermuten lassen, daß sich nur wenige Kilometer südlich die von Deutschen beherrschte Touristenhochburg Cala Millor und die

Der skeptische Blick des Bauern im Bergdorf Galilea (links) täuscht. Die Mallorquiner haben sich an Touristen wie den Jetskifahrer in Porto Cristo (unten) gewöhnt. Aber sie achten heute mehr denn je darauf, daß neue Feriensiedlungen wie die am nördlichen Ende der Playa de Canyamel (rechts) besser in das Bild der Insel passen. Hotel-Hochhäuser werden nicht mehr gebaut.

von Engländern vorgezogenen Calas de Mallorca anschließen.

Dazwischen liegt Porto Cristo, ein beliebtes Ferienzentrum wie das dann folgende Porto Colóm. Dann aber beginnt mit Cala d'Or tatsächlich die – nomen est omen – goldene (Ost-)Küste Mallorcas. Cala d'Or ist ein mondäner, durchaus überschaubarer Jachthafen. Südlich davon liegt die Cala Mondragó, die die Mallorquiner mit großen Ankündigungen als Naturschutzgebiet ausgerufen haben. Man darf ihnen bescheinigen, daß sie wirklich einen der schönsten Flecken ihrer Insel dafür ausersehen haben.

Am Anfang der Bucht, die man am besten über Porto Petro erreicht, sorgt ein Strandrestaurant in der Ferienzeit zwar für einiges Gedränge, aber hinter einer Felsennase erschließt sich die ganze Schönheit: Von Felshängen hat man einen malerischen Blick über eine unverbaute Bucht, in der die Jachten aus dem nahen Hafen gern kreuzen.

Kein Wunder, daß in dieser natürlichen Umwelt mit einem mächtigen Wald aus Aleppokiefern, mit schilfbewehrten Teichen, mit weißen Sandstränden auch der dann folgende Fischerhafen Cala Figuera mit einigem Erfolg seine Ursprünglichkeit bewahren kann. Ein Abstecher lohnt, von wo auch immer Sie anfahren müssen!

Noch weiter südlich finden wir die wildromantische Cala Llombarts mit Es Pontas, der mächtigen und viel fotografierten, vom Meer ausgewaschenen Felsenbrücke im Wasser, und die nahezu paradiesisch einsame Cala S'Armonia mit dem schmalen Sandstrand Caló des Maro vor glasklarem Wasser und den Buchten von Sa Fontanella, in der pittoreske Hütten von Fischern stehen, und von Corb Mari, wo deren Kutter liegen. Von der Cala Llombarts muß man zurück ins Land nach Llombarts fahren, um in die äußerste Südwestecke Mallorcas zu gelangen.

Stete Wellen höhlen den Stein. Die Felsenbrücke Es Pontas steht vor der Cala Llombarts an der Ostküste, die man über einen holprigen Weg zwischen Santanyi und Llombarts erreicht.

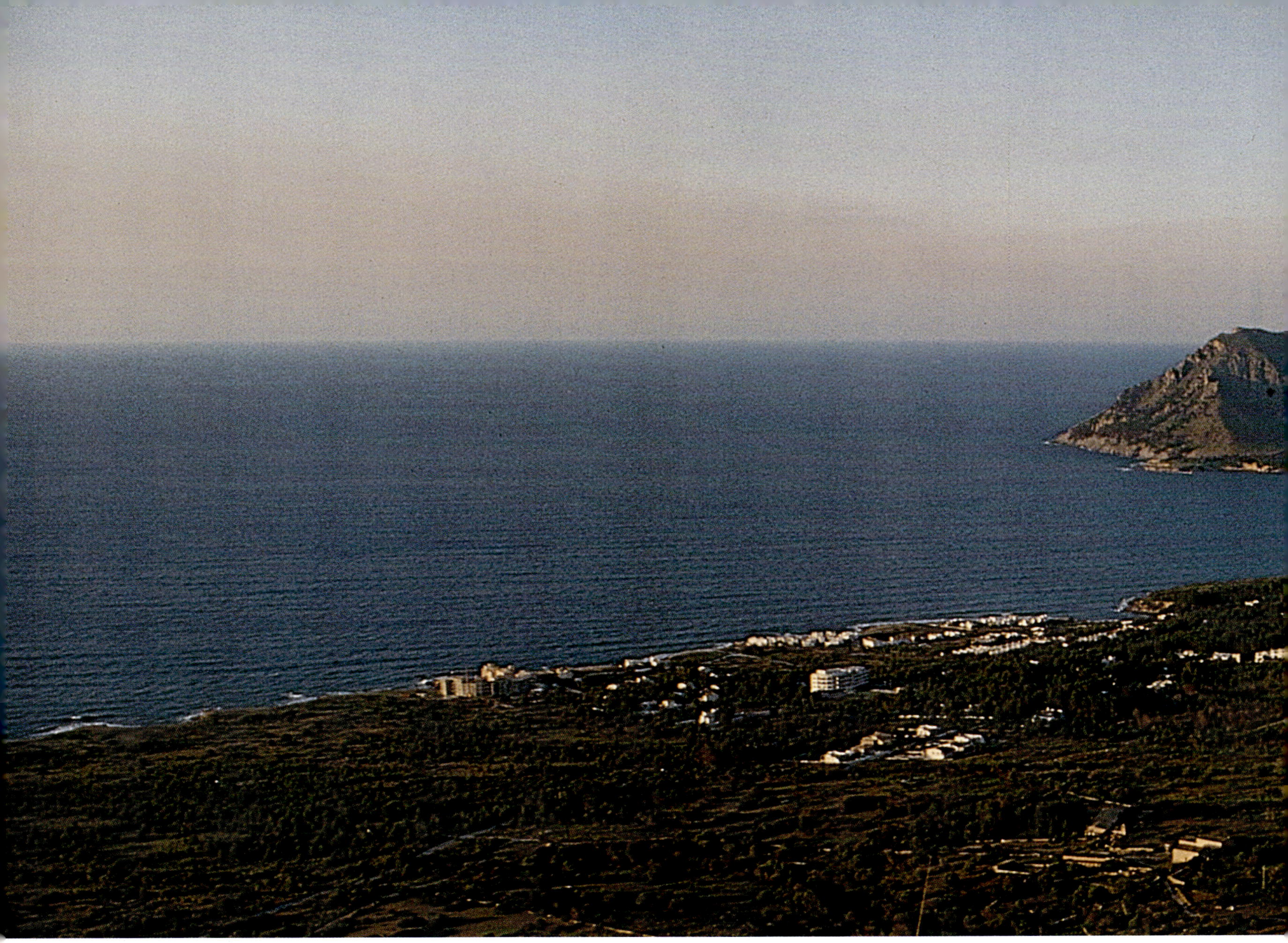

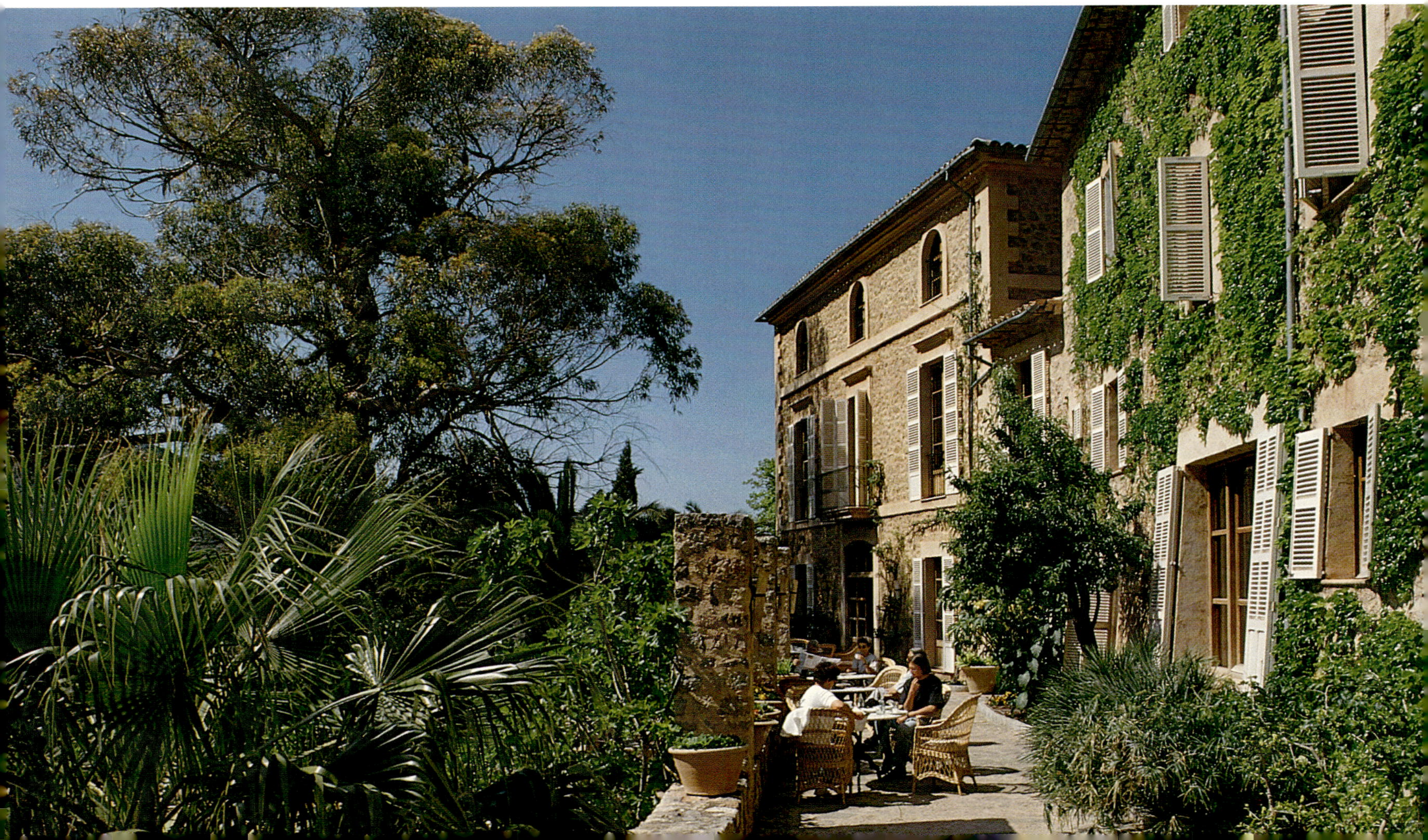

Die zerklüftete Nordküste, auf die man von der Ermita de Betlem hinunterschaut, heißt bei den Mallorquinern auch »Hinterzimmer der Insel«. Die Einsiedelei Betlem bekam ihren Namen von Mönchen, die Anfang des 19. Jahrhunderts hier beim damaligen Großgrundbesitzer Morey wie weiland Maria und Joseph in Bethlehem nach einem Lager für die Nacht fragten und großzügigerweise gleich ein ganzes Stück Land bekamen (oben).

Der »Echte Feigenkaktus« blüht zwischen April und Juli. Seine gelben und rötlichen Früchte sind eßbar, wenn man die stachelige Haut vorsichtig schält. Er wächst als kultivierte Heckenpflanze in Gärten, aber auch wild am Wegesrand (rechts).

Im malerischen Hotel Residencia von Deià entstanden Teile der deutschen Fernsehserie »Hotel Paradiso« (links).

Die trutzig-wehrhafte Stadt Artá mit ihrem Kalvarienberg, von dem man diesen herrlichen Blick hat, ist quasi das Tor zu den schönsten Buchten und Stränden im Nordosten Mallorcas. Ein Halt lohnt wegen des archäologisch interessanten Talayot Ses Paisses inmitten schöner Gärten.

Die Fahrt dorthin führt durch S'Hort Nat Rotja, eine Landschaft mit wogenden Kornfeldern, unberührten Blumenwiesen und Kiefernwäldern. Am Ende erreicht man das Cap de Salinas, eine rote Klippe mit weißem Leuchtturm und herrlichem Ausblick auf die vorgelagerte Ziegeninsel Isla Cabrera.
Auf der westlichen Seite vom Cap de Salinas lohnt die Ferienstadt Colònia de Sant Jordí kaum einen Besuch, wir haben dann aber noch einmal einen Blick auf den wunderbaren, kilo-

Die Insel ist ein Genuß für Augen und Gaumen. Wer Orangenblüten (links) sieht, hat schon den Geschmack saftiger Früchte auf der Zunge. Die Freunde frischer Meeresfrüchte (und jeder Menge Knoblauchs) zieht es eher zu den frisch gegrillten Gambas alla Plancha (rechts). Danach sollte man eine Siesta machen, etwa am Pool des Hotels Costa d'Or (unten).

meterlangen und naturgeschützten Strand von Es Trenc, der am östlichen Rand voller ist als am westlichen in Richtung La Rápita.

Was dann noch folgt bis zurück nach Palma sind die Ferienzentren von El Arenal, Las Maravillas und Ca'n Pastilla sowie die Playa de Palma selbst. Hier kann man das typische Mallorca kaum noch finden, und man amüsiert sich nur, wenn man einen ausschließlichen Strandurlaub bevorzugt.

Mal cami pasarlo prest.« Verlassen wir den schlechten Weg ganz schnell. Denn das ist, wie wir bereits gesehen haben und noch mehr erfahren werden, nicht Mallorca. Mallorca bleibt ein Traum, wenn man ihn nur zu träumen versteht.

WISSENSWERTES ÜBER LAND UND LEUTE

Ein richtiges Kinderparadies

Die Spanier lieben Kinder. Deshalb zeigen auch die Mallorquiner ein Herz für sie und bieten neben den Bademöglichkeiten im Meer eine Fülle von künstlich angelegten Wasserparks an. Die schönsten und größten Anlagen für ein abwechslungsreiches Badevergnügen im Überblick:

Aquacity im Süden der Insel bei El Arenal (Autobahn Palma – Santanyi, Ausfahrt/Salida 5)

Aqualandia in der Inselmitte bei Binissalem an der Landstraße Palma – Inca bei Kilometer 24 innerhalb der Vergnügungsanlage »Es Foro de Mallorca« mit zusätzlichen Vergnügungsmöglichkeiten wie Trampolins, einem Minigolfplatz, Ponyreitmöglichkeiten, einer Go-Cart-Bahn und einem Wachsfigurenkabinett

Aquaparc mit Wasserrutsche an der Landstraße nach Cala Figuera zwischen Palma und Palma Nova

Das typische Mallorca

Eine Ferieninsel mit Millionen von Besuchern im Jahr muß mit der Zeit und den Moden gehen. Trotzdem stößt man noch auf Ursprünglichkeit – besonders im Inselinneren

Oft gelten die Touristenzentren mit ihren großen Hotels als typisch für die Ferieninsel Mallorca. Aber für den Kenner ist das eigentümliche und unverkennbare, eben das typische Mallorca etwas anderes. Wer immer nur zwischen Hotel und Strand unterwegs ist, kann es nicht finden. Aber auch wer sich einer der offiziellen Inselrundfahrten anschließt, erhascht nur hier und da einen kurzen Blick auf Tradition und Erbe mallorquinischer Kultur.

Hier eine der alten Windmühlen, die bisweilen noch ihren Dienst tun; dort die neonbeleuchtete Höhle, die einst Freibeutern als Unterschlupf diente; dann die Reste von Talayots, die über 100 Jahre vor Christus entstanden, oder die Glasbläser, die jetzt wieder für Touristen ihr Handwerk wie vor Hunderten von Jahren betreiben – das alles mag man als kennzeichnend, also als typisches Mallorca bezeichnen. Und doch ist es nur Teil des umfangreichen Sightseeing-Programms, das diese Insel zu bieten hat.

Das wirkliche Mallorca findet man in den Dörfern und Städtchen, die abseits der Strände im Inselinneren liegen. Bei den Menschen, meist älteren, weil die Jungen ihr Geld in den Touri-

Landschaftliche Ursprünglichkeit gehört an manchen Stellen – Gott sei Dank! – immer noch zum typischen Mallorca. Alte Windmühlen stehen auf dem Hochplateau Es Plá (links). Der östliche Fischerhafen Cala Figuera (unten) begrenzt sein Angebot an Liegeplätzen, um sein historisches Bild zu schützen. Und an der Nordwestküste ist das Wasser noch glasklar (rechts).

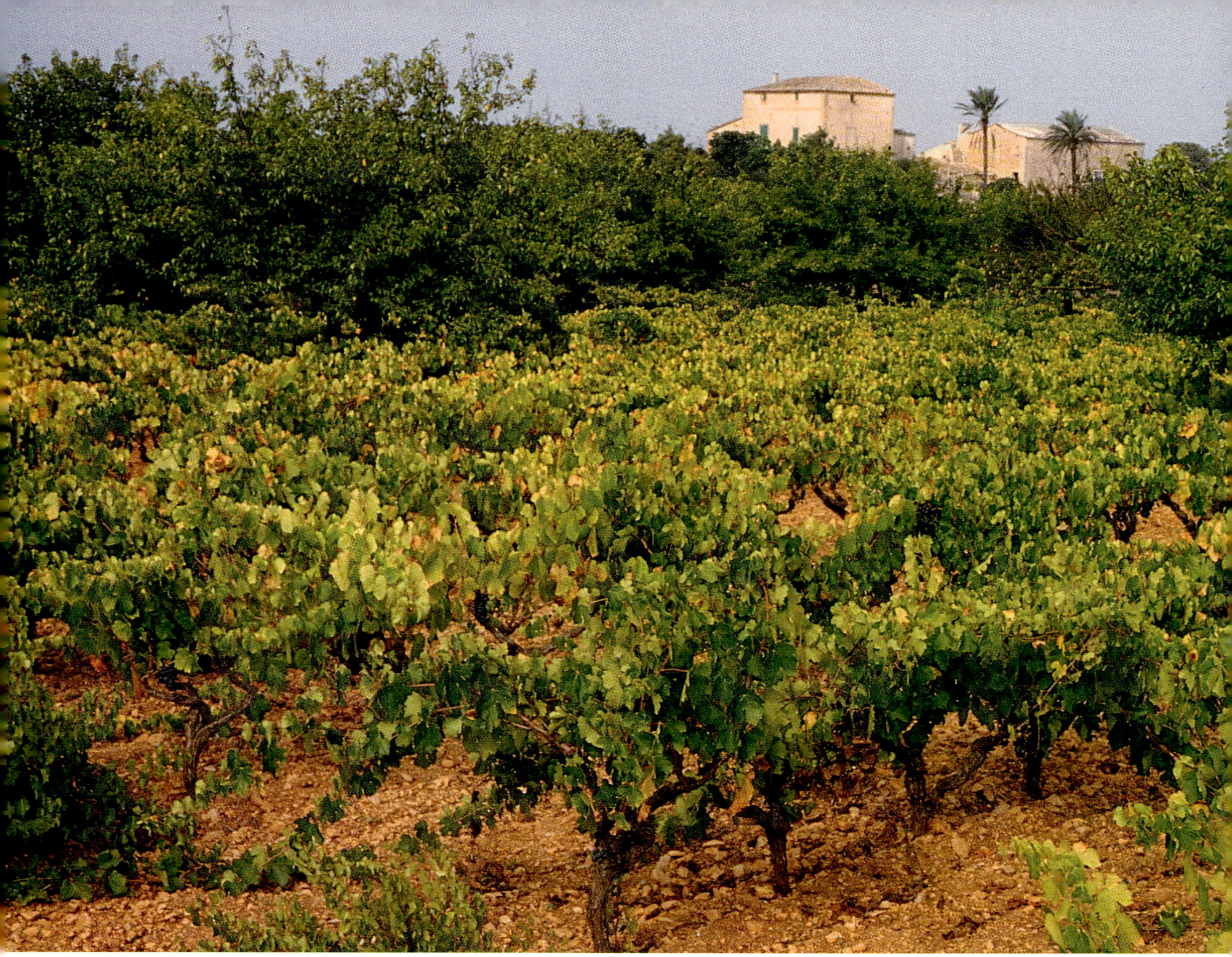

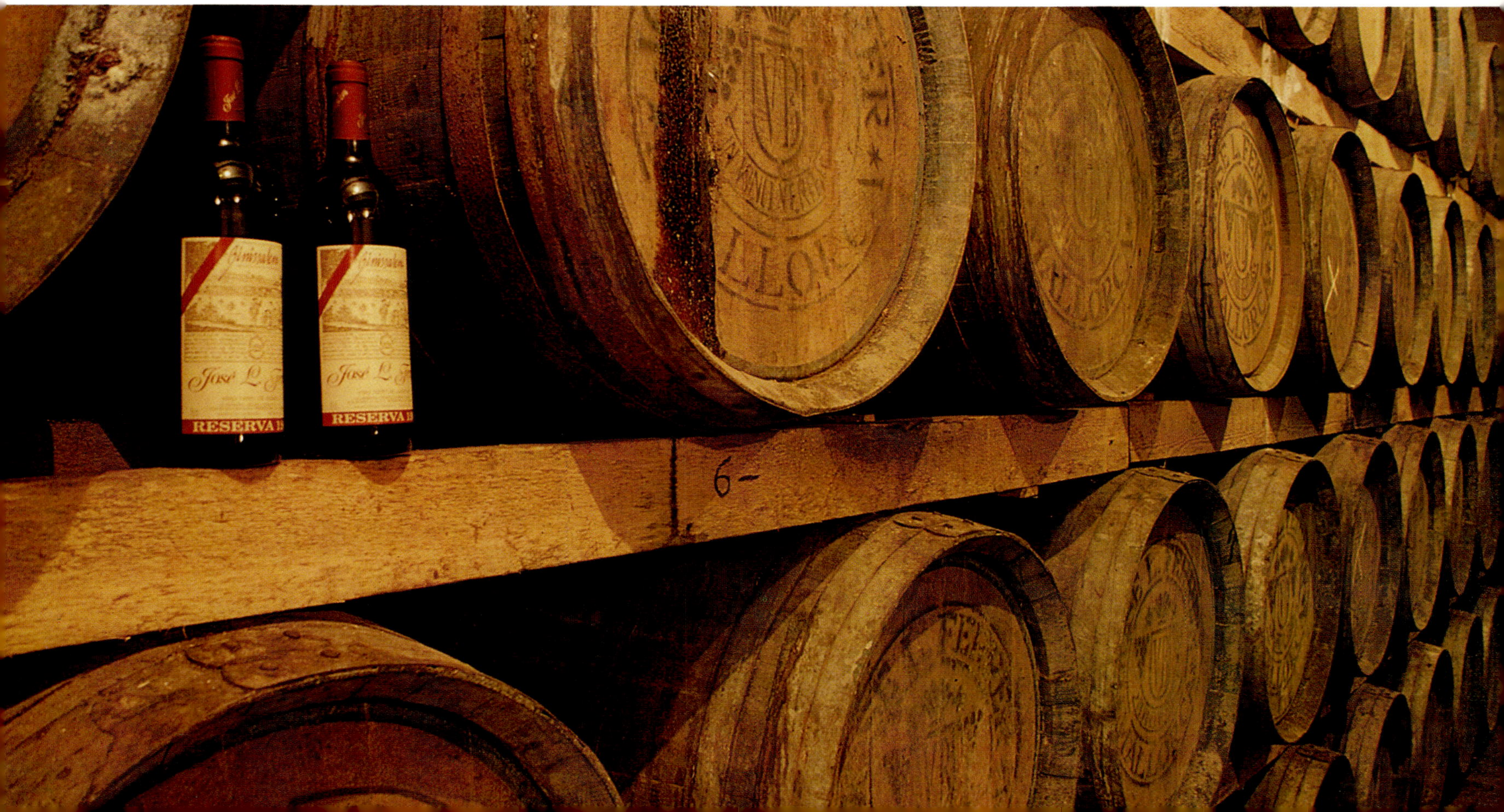
RESERVA
RESERVA
6-

RANDNOTIZEN

Wein von der Insel
Mindestens seit der Zeit der Römer wird auf Mallorca Wein angebaut. Nach einer Blütezeit im letzten Jahrhundert, die das Einfallen der Reblaus beendete, hat sich die Rebfläche von 35000 auf heute 2500 Hektar verringert. Die Anbauflächen liegen um Binissalem und Felanitx. In der Denominación de Origin (DO) Binissalem werden hauptsächlich die roten Mallorca-Trauben Manto Negro und Callet sowie die weiße Moll angebaut. Der wichtigste Erzeugerbetrieb ist Bodegas José L. Ferrer direkt an der Straße nach Binissalem, in der man nach Absprache eine Kellerführung machen kann. Der Wein aus der Gegend von Felanitx hat keinen DO-Rang. Aber immerhin produziert man bei Jaume Mesquida in Porreres Mallorcas ersten Schaumwein.

Weinbau und Landwirtschaft haben auf Mallorca Tradition. Auf dem Hochplateau Es Plá und an seinen Rändern blüht, wächst und gedeiht, was das Herz des Marktgängers und Hobbykochs begehrt (unten und links). Der mallorquinische Wein wird gern frisch – dann als »vino joven« – und kalt getrunken. Es gibt aber auch Trauben, die, wie im Weinkeller Ferrer in Binissalem (links unten), länger lagern.

stenzentren verdienen oder gleich aufs Festland geflüchtet sind, finden wir mallorquinische Ursprünglichkeit.

Wir begegnen bei Binissalem dem Weinbauern, der mit Hingabe seine Reben pflegt und doch weiß, daß sein gar nicht mal so schlechter Tropfen nicht mit den Hektolitern konkurrieren kann, die aus Spaniens Wein-Hochburgen Rioja oder Léon kommen. Wir treffen die Bauersfrau, die zwischen ihren Feldern um Sineu noch mit einem Eselskarren hin und her fährt, weil es praktisch ist, nicht weil es für den zufällig vorbeikommenden Reisenden ein malerisches Fotomotiv ist. Schließlich

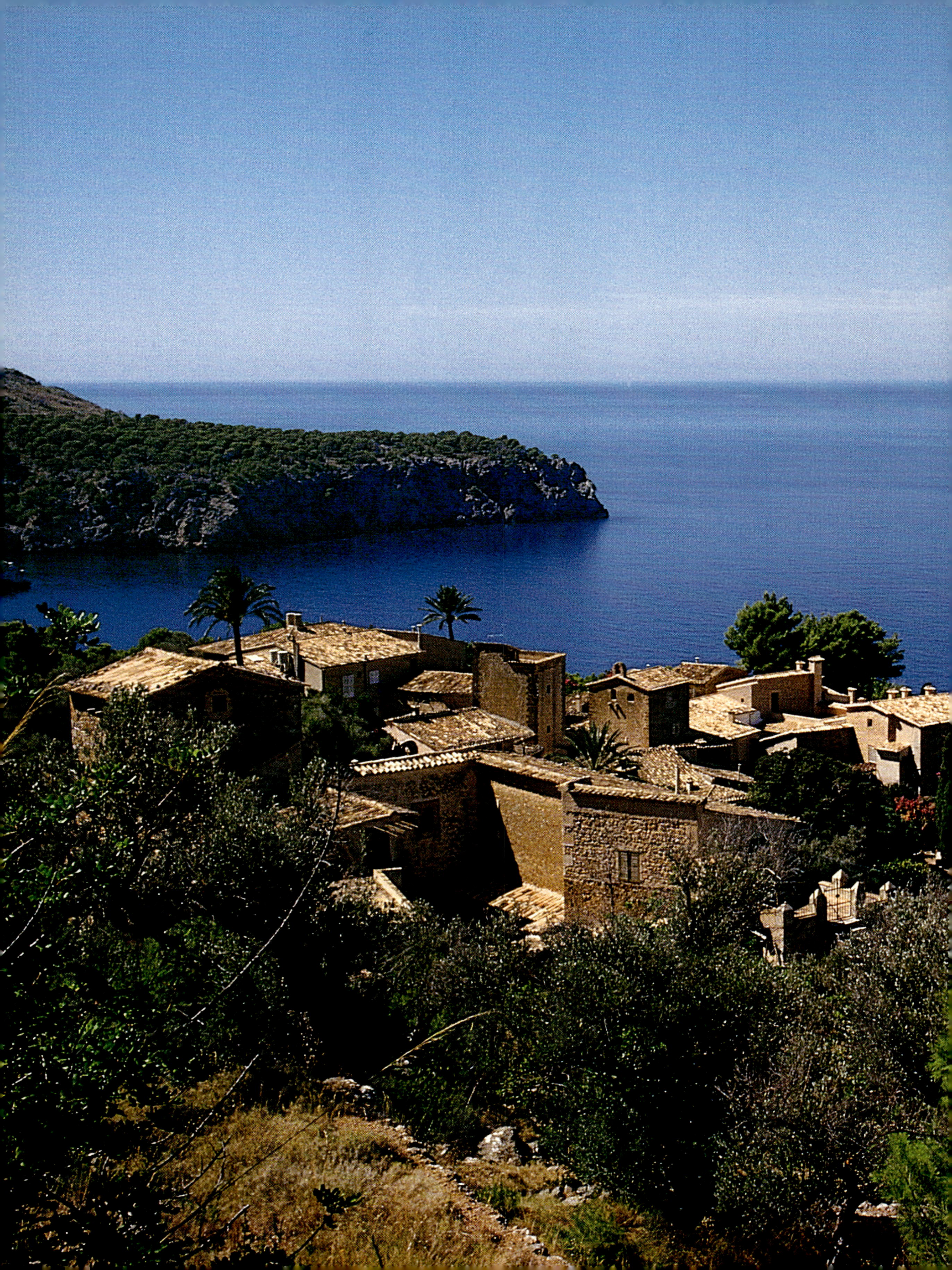

Bei Deià an der Calle Lluchalcari liegt das kleine und feine Hotel Costa d'Or, von dem man einen herrlichen Ausblick auf das Mittelmeer hat. Die 42 Zimmer, die nur in der Zeit zwischen April und Oktober vermietet werden, werden gerne von Malern, Schauspielern und Sängern gebucht.

WISSENSWERTES ÜBER LAND UND LEUTE

Die Steinschleuderer

Mallorca ist das größte Eiland der Inselgruppe der Balearen. Die Balearen bekamen ihren Namen vermutlich von den Griechen, die hier bereits im 8. Jahrhundert v. Chr. Handel trieben. Der Name leitet sich aus dem griechischen Wort »ballein« für »schleudern« ab. Die Griechen hatten nämlich entdeckt, daß die Bewohner der Inseln im westlichen Mittelmeer mit hoher Kunstfertigkeit Steinschleudern gegen unerwünschte Angreifer einsetzen konnten, was später sogar Hannibal bei seinen Kriegszügen half.

Heute ist aus der einstigen Kriegskunst, die den Chronisten so ungewöhnlich vorkam, eine Sportart geworden. Den »Honderos«, wie sich die Sportler nennen, ist ein Denkmal des Bildhauers Llorenc Rosselló gewidmet, das am Aufgang zur Kathedrale in Palma steht.

hocken wir uns in Capdella zu Juan in die Bar Nou und lauschen dem melodiösen Mallorquin der Männer, die hier nach Feierabend, noch vor dem Abendessen, sitzen, um die Tagesereignisse zu besprechen. Was denn das typische Mallorca sei, wollen wir von Juan wissen, der seine Bar an der alten, nicht mehr viel befahrenen Verbindungsstraße von Palma über Calviá nach Andraitx hat.

Verschmitzt lächelnd deutet er auf einen seiner braunglasierten Keramik-Aschenbecher. Auf ihm lesen wir überrascht das deutsche Wort »Schinkenbrot«. Damit wirbt Juan – der Wirt hofft nicht zu Unrecht auf Touristen, die auf dem Weg nach Galilea und weiter nach Valldemossa Station machen möchten – für seine Spezialität, eben ein üppig mit luftgetrocknetem Schinken, Tomaten, Zwiebelringen und Kapern belegtes Brot zu einem Spottpreis, den man auf der nicht gerade billigen Insel kaum noch erwartet.

Doch dann verschwindet das Schmunzeln. Mit ernstem Gesicht bedauert

Eine Felsennase müssen die Fischer von Cala Figuera umschiffen, wenn sie zum Fang hinausfahren (oben).

Der Fischer aus Cala Figuera versteht sein Handwerk. Er flickt sein Netz, bevor es zum nächsten Fang hinaus aufs Meer geht (rechts).

Eine Straßenbahn, die fast immer gut besetzt ist, verbindet die schmalen Sandstrände in Puerto de Sóller (links).

Juan, daß es immer weniger typisches Mallorca gebe. Aber auch er müsse schließlich mit der Zeit gehen. »Qui dorm no pilla peixos«, zitiert Juan ein mallorquinisches Sprichwort: Wer schläft, fängt keine Fische. Schließlich hat der Wirt doch noch einen Hinweis für die Suche nach Ursprünglichkeit:

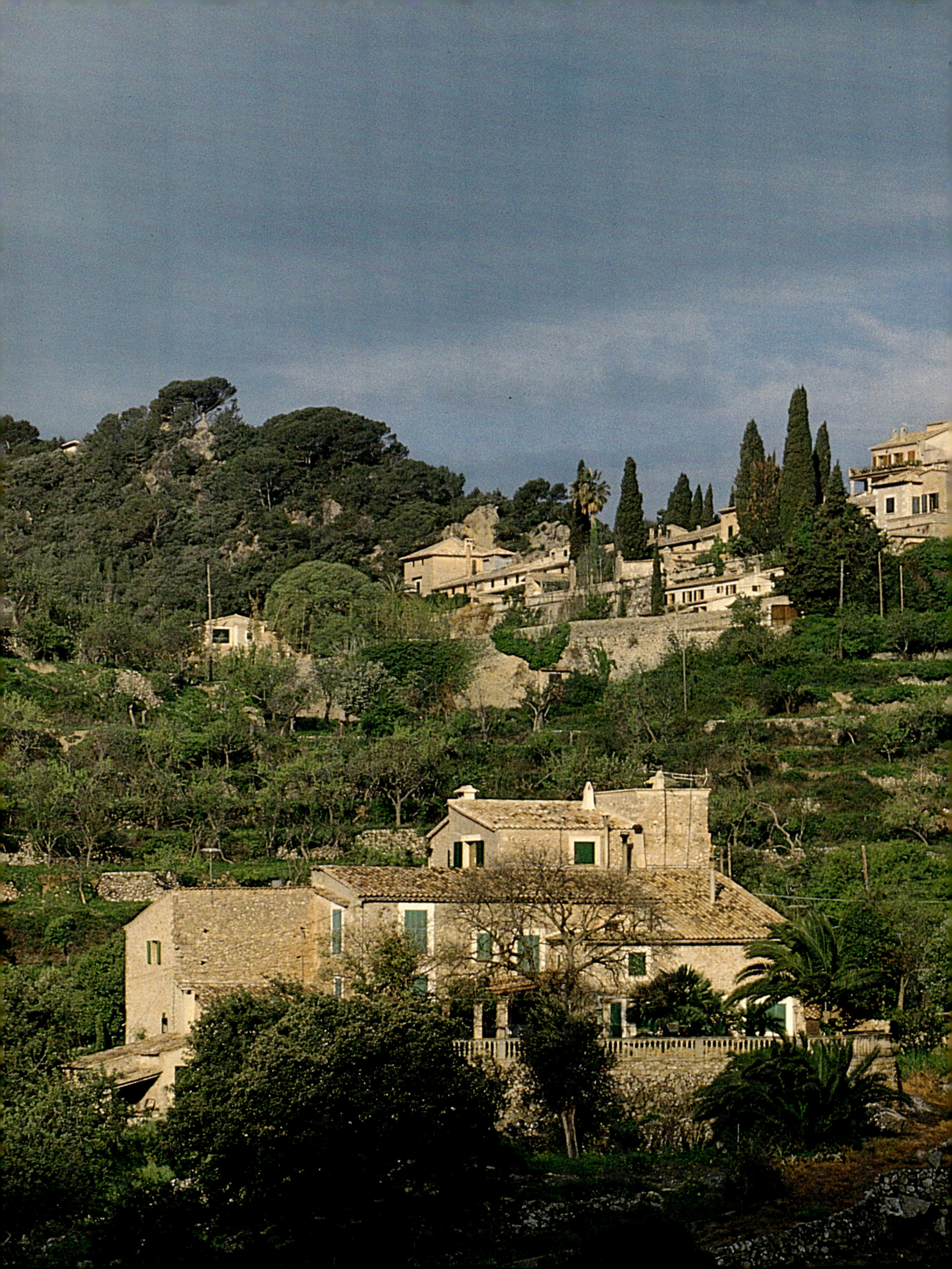

Den Bergort Valldemossa mit seiner Kartause, die offiziell Cartuja de Jesus Nazareno heißt und die man täglich außer Sonntag von 9.30 bis 13.30 und von 15 bis 19 Uhr besichtigen kann, ist eines der Hauptausflugsziele auf Mallorca. Der Grund: Der Komponist Frédéric Chopin und die Schriftstellerin George Sand haben hier einen Winter der Liebe verbracht.

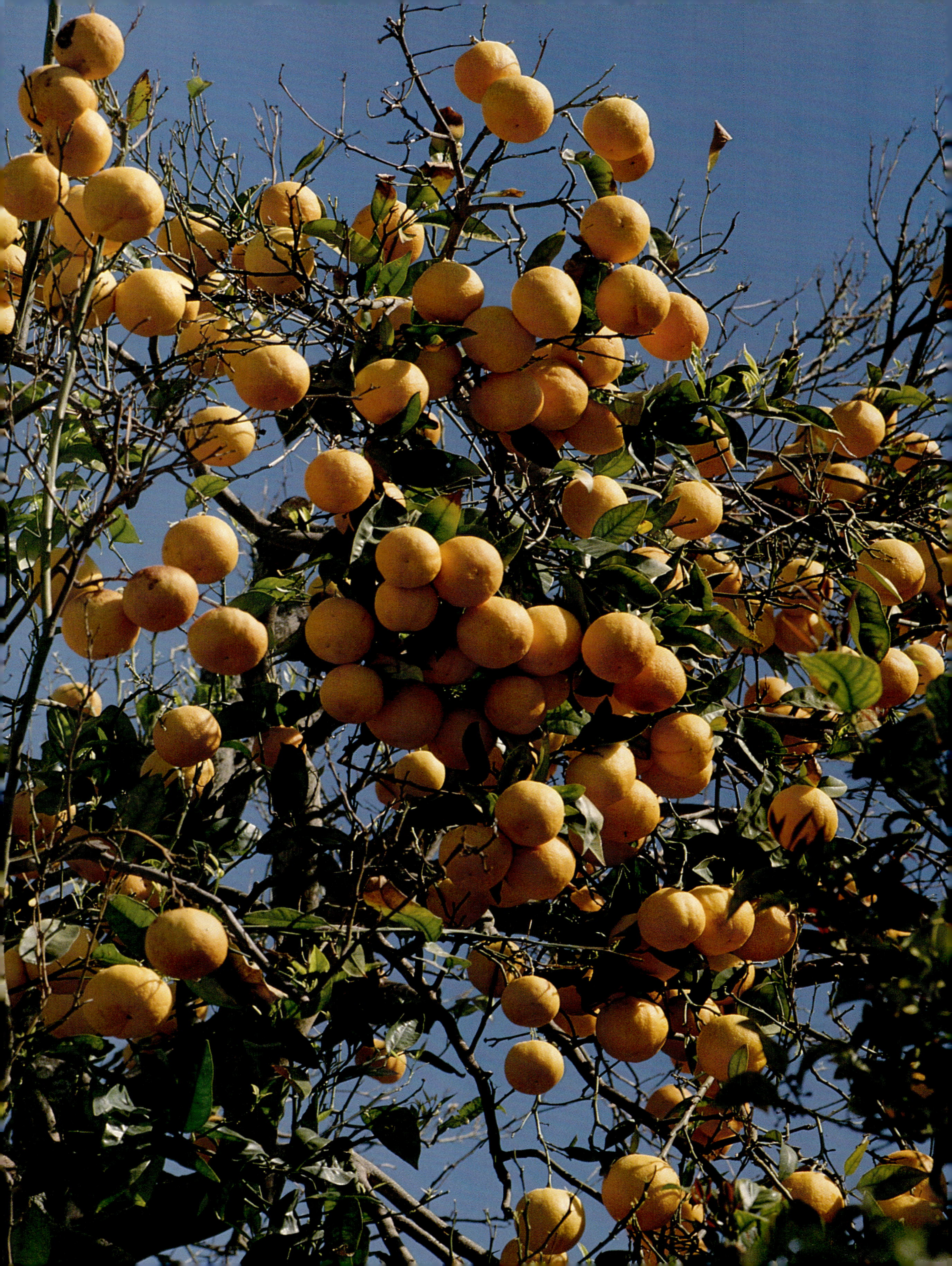

Bei den Patronatsfesten zum Namenstag der Orte treten viele Mallorquiner noch in Tracht auf, weil es ihnen der Schutzheilige wert ist, sich zu schmücken.

Beim Volksfest nach dem Gottesdienst kann man dann zum einen inseltypisch essen. Zum anderen kommt man mit den zu Unrecht als wortkarg vorverurteilten Insulanern ganz gut ins Gespräch.

In der trockenen und weichen Luft Mallorcas gedeihen Orangen besonders gut (links).

Bei Valldemossa findet man die Ermita de la Trinitat. In dem gut erhaltenen Bau leben noch heute Mönche. Sie öffnen die Kapelle, wenn man bei ihnen klingelt (rechts).

Pause am Hafen von Cala Ratjada (unten).

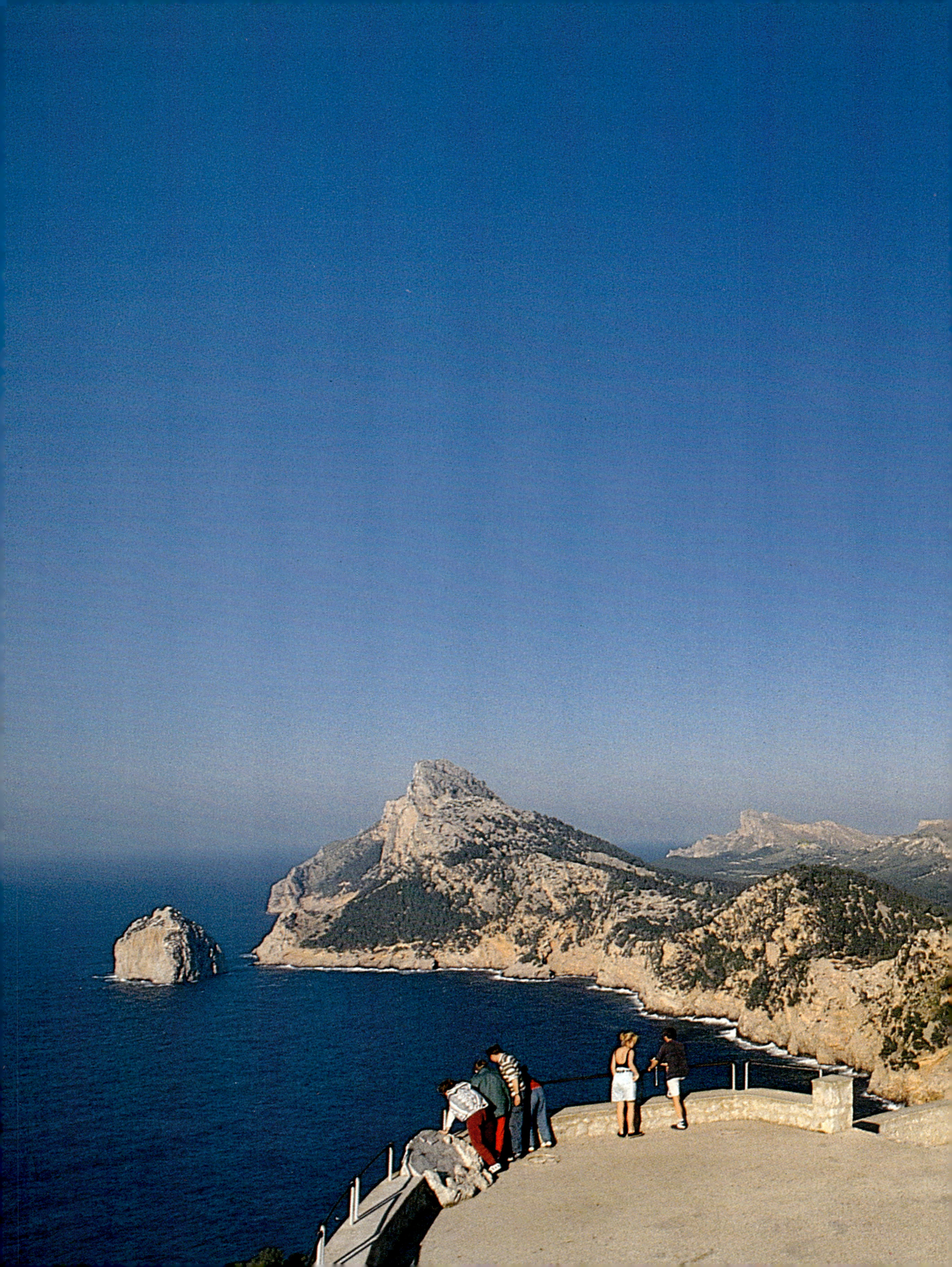

Auf Mallorcas nördlicher Felsennase, der Halbinsel Formentor, gibt es mit dem Mirador dés Colomer einen großartigen Aussichtspunkt. Von mehreren Terrassen kann man auf das Meer und die vorgelagerte Insel Isla Colomer schauen.

Der Garten Mallorcas

Man muß es so sagen: Die Insel ist ein Paradies-Garten. Ganzjährig grünt und blüht es. Und wo genug Wasser ist, zieht mehrmals im Jahr der Frühling mit aller Pracht ein

Der Dschungel wird gepflegt; das überbordende Durcheinander der Bäume und Blüten hat Methode: Die verwunschenen Gärten von Alfábia aus arabischer Zeit, bei Kilometer 17 an der Straße von Palma nach Sóller gelegen, gehören zu den schönsten und eindrucksvollsten Ausflugszielen auf Mallorca – nicht zuletzt, weil mittendrin das Schlößchen derer von Zartorteza steht, ein Anwesen mit olivengeschmücktem Innenhof, einem malerischen Brunnen und dem holzvertäfelten Torturm, der noch aus arabischer Zeit stammt und eine eindrucksvolle Inschrift trägt:

»Gott ist das Gesetz. Gott ist groß. Von Gott kommt die Gnade. Es gibt nur einen Gott. Aller Reichtum liegt in Gott.«

Und Gott, möchte man hinzufügen, muß ein Gärtner gewesen sein – jedenfalls zu dem Zeitpunkt, als er sich bei seinem Schöpfungsakt mit Mallorca beschäftigt hat. Halt! Das ist so nicht richtig. Denn vieles, was auf der Baleareninsel grünt

Vom Hof des Schlößchens Zatorteza in den maurischen Gärten von Alfábia mit seinem achteckigen Brunnen gelangt man in die herrschaftlichen Innenräume mit mächtigen Ölgemälden und dem Prunkstück: einem gotischen Stuhl aus dem 14. Jahrhundert (links).

Im Bauernanwesen Sa Granja bei Palma kann man altes Handwerk wie das Ausbacken von Kartoffeln beobachten (rechts).

Im Frühling blüht der Mohn in voller Pracht (unten).

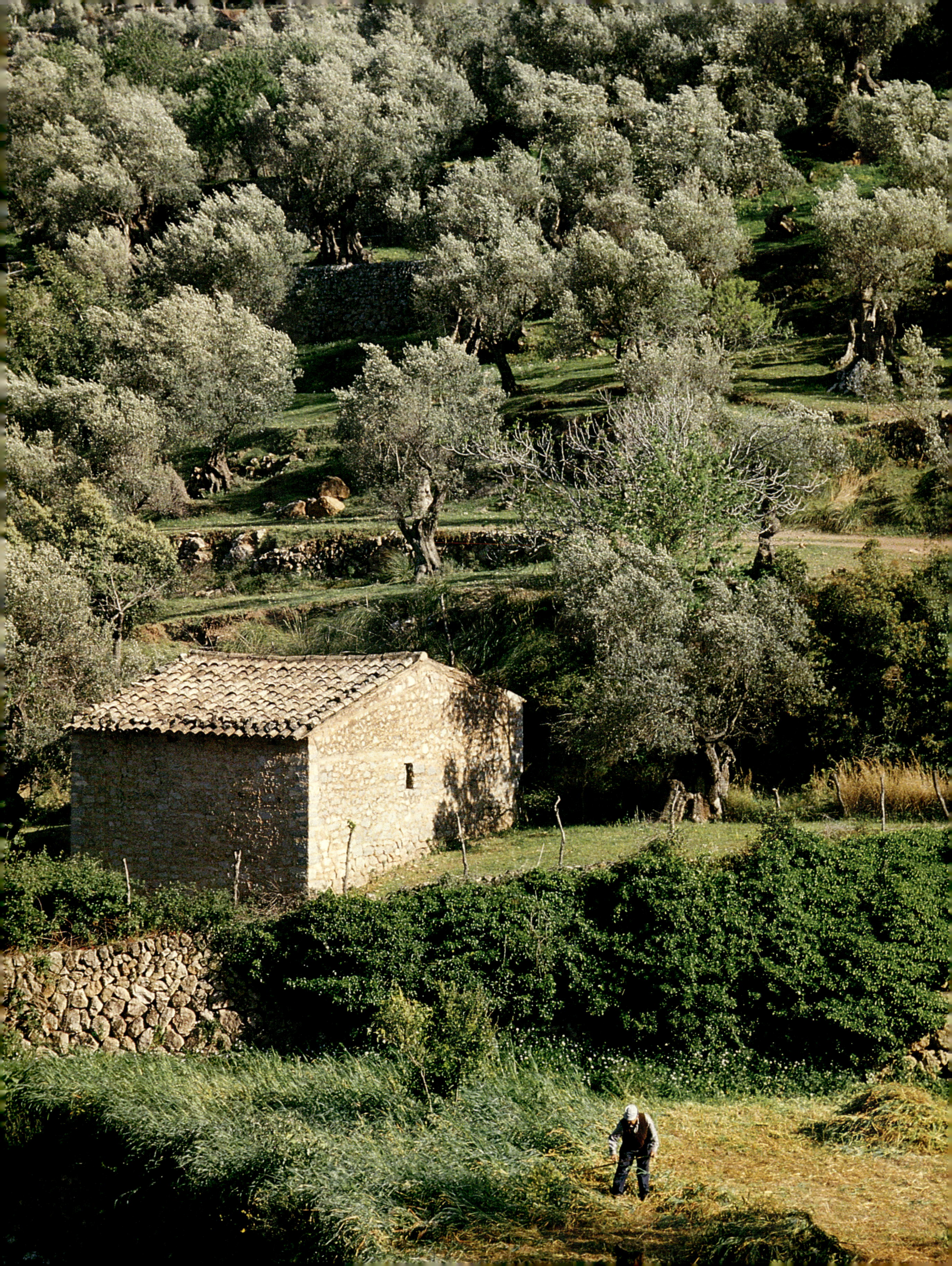

Die Arbeit der Bauern auf dem Feld wie hier bei Sóller ist hart, weil der Boden schnell trocken wird und ständig gelockert werden muß (links).

Die frisch eingekochte Orangenmarmelade der Mallorquiner erinnert an die der Engländer: Sie schmeckt herb, was die vielen Schnitze der unbehandelten Schale bewirken, die beim Kochen zugegeben werden (rechts).

Der Wochenmarkt von Sineu ist der quirligste und größte der Insel. Er findet in diesem Ort, der so etwas wie der geographische Mittelpunkt der Insel ist, mittwochs am Vormittag auf der Plaza España statt. Auf ihm steht als Verneigung vor dem Orts-Schutzheiligen Sankt Markus ein Löwe als Denkmal. Eine breite Freitreppe führt hinauf zur Pfarrkirche Nuestra Señora de los Angeles, an der eine Sonnenuhr aus dem Jahr 1783 besonders sehenswert ist. Neben lebendem Vieh kann man auf dem Markt auch sehr gut Fleisch einkaufen und an mobilen Ständen deftig speisen. Mittags schließen die Bauern ihre Stände (unten).

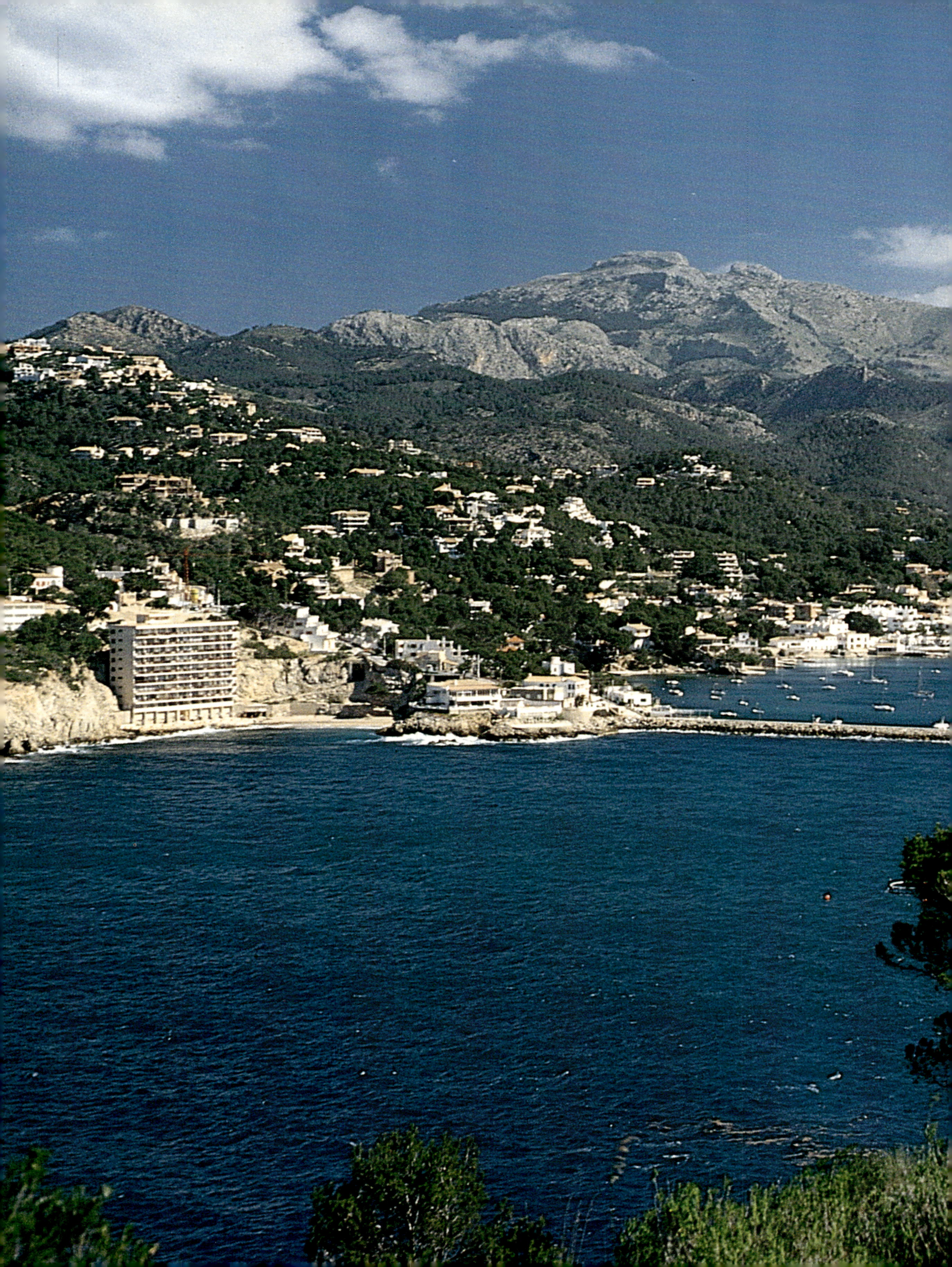

Die Bucht von Puerto de Andraitx ist in den vergangenen Jahren immer beliebter geworden. Der verträumte Fischerhafen geriet zum mondänen Anlegeplatz für stolze Segeljachten, zu denen auch die des Königs von Spanien gehört. Trotzdem konnte sich die Hafenpromenade, auch nach der Umgestaltung, ihren Charme bewahren.

und blüht, brachten erst die spanischen Entdecker von ihren Eroberungen in den Tropen mit. Sie konnten es hier auf Mallorca heimisch machen, weil die Luft weich und trocken ist, weil fast nie Schnee und Eis das Wachstum der Pflanzen behindern.

Auch schon die Olivenbäume und die Weinstöcke, die nicht wenige für mallorquinischen Urbewuchs halten, kamen quasi im Reisegepäck übers Meer. Die Römer brachten sie vor 2000 Jahren mit, weil die alten Schlemmer weder auf ihr Öl zum Salat noch auf einen guten Tropfen verzichten wollten.

Die vielleicht aufregendste Farbe, die der Garten Mallorca hervorbringt, ist das kräftige Violett der Bougainvillea.

Der Wochenmarkt von Sineu gilt auch den Mallorquinern als Treff- und Plauschpunkt. Selbstverständlich versorgt man sich dort auch vor allem mit Kräutern, die, ob getrocknet in Jutesäcken oder gedeihend am Wegesrand, das Parfüm der Insel sind (links und unten).

Auch die den Dudelsack blasenden Schafhirten gehören zum Veranstaltungsprogramm der zum Museum umfunktionierten Herrschaftsvilla Sa Granja (oben).

Das Land, wo die Zitronen blühen (rechts).

RANDNOTIZEN

Die Kunst, Kapern zu gewinnen

Königsberger Klopse kennt jedes Kind – und die Kapern, die hineingehören, auch. Aber nur wenige wissen, daß die grünen, würzigen Bällchen auf Mallorca gewonnen werden. Sie werden von kreisrunden, dicht über dem Boden wachsenden Büschen geerntet, die zwischen April und September weiß-violett blühen. Für die eigentliche Kaper ist es dann allerdings schon zu spät. Die Kaper ist nämlich die Knospe des Strauchs. Die geschlossenen Blüten werden gepflückt. Dann läßt man sie welken. Dabei entsteht das sogenannte Kethyl-Senföl, das der Kaper ihren charakteristischen Geschmack gibt. Nun müssen die runden Dinger nur noch kräftig gesalzen und in eine Mischung aus Essig und Öl eingelegt werden. Kapernbüsche wachsen auch wild – auf Steinen.

Überall klettert diese herrliche Blume an Mauern und Häuserwänden hinauf. Ihr Name weist auf die Herkunft hin. Benannt ist die Blüte nämlich nach Louis Antoine de Bougainville (1729 bis 1811). Er war Franzose und Weltumsegler. Auf den zu Papua-Neuguinea gehörenden Salomoninseln entdeckte der Seebär den dornigen Kletterstrauch mit den schönen Blüten, die man bei uns Drillingsblumen nennt. Wer seinen Strauch gut pflegt, kann auf Mallorca das ganze Jahr über die Pracht bewundern. Welkende Blüten werden durch neue Knospen ersetzt. Ganzjährig grün neben der Olive – nun ja, die Blätter changieren ins Silbergrau – sind der Feigenkaktus und die mit ihm leicht zu verwechselnde Agave, die Aleppokiefer, der Johannisbrotbaum und die Steineiche, das überall über den Inselboden kriechende Mastix und die Kräuter wie Estragon und Rosmarin, das im Januar schon seine lilablauen Blüten öffnet.

Auch die Zitrusfrüchte beginnen ausgerechnet in dem Monat, in dem es bei uns so bitterkalt ist, zu blühen. Gleichzeitig tragen sie schon Früchte unterschiedlicher Reife: von winzig, grün und unreif bis prall, orange oder gelb und saftig.

Die Natur läßt es jetzt Schlag auf Schlag gehen: Frühe Ginsterarten überziehen die Berghänge mit ihrem Gelb; Milliarden von Mandelblüten hüllen Mallorca in einen weiß-rosafarbenen Schleier ein, der – wenn das Wetter mitspielt – erst Ende Februar, Anfang März verweht; an Ostern meist klappen Millionen von wilden Margeriten auf Wiesen und Feldern ihre weißen Blüten auf; den entsprechenden Kontrast liefert dann Ende April, Anfang Mai der rote Mohn, der sich seine Wirkung mit ganzen Feldern von wilden, lilafarbenen Gladiolen teilen muß. Und zwischen all dieser Blütenpracht strecken auch noch Krokusse ihre Blütenstengel in die Frühlingssonne. Womit wir allerdings schon bei den Nutzpflanzen sind.

Denn aus einer hellvioletten Krokusart gewinnt man auf Mallorca das Gewürz Safran, das für die berühmte spanische Paella unerläßlich ist. Für ein Kilo Safran braucht man ungefähr 100 000 Kro-

In der Kartause von Valldemossa schrieb die Geliebte von Frédéric Chopin, George Sand, ewige Zeilen über Mallorca: »Der Himmel wurde herrlich blau und die Insel märchenhaft schön... Es ist der schönste Ort, an dem ich je gewohnt habe, und einer der schönsten, die ich je sah.«

WISSENSWERTES ÜBER LAND UND LEUTE

Gärten, die Besucher mögen
Mallorcas Blütenpracht kann man eigentlich überall bewundern. Es gibt allerdings auch Möglichkeiten, Naturreservate zu besichtigen. Ein Überblick:
Botanicactus: Wie der Name schon sagt, werden Kakteenpflanzen aus aller Welt gezeigt. Täglich ab 9 Uhr bis zur Dunkelheit geöffnet. Am Ortsausgang von Ses Salinas nach Santanyi weisen Schilder den Weg.
Gran S'Albufera: Eines der größten Feuchtgebiete des Mittelmeerraumes lädt zur Vogel- und Naturbeobachtung ein. Die Albufera erstreckt sich seitlich der Landstraße von Puerto de Alcúdia nach Artá bis fast nach C'an Picafort.
Jardin Botanic de Sóller: Dem Botanischen Garten ist ein Balearisches Museum der Naturwissenschaften angeschlossen. Mo. geschlossen, Sommer: Di.–So. 10.30–13.30, Di.–Sa. auch 17–20 Uhr. Winter: Di.–Sa. 10–14 und 15.30–17.30, So. 10.30–13.30 Uhr. An der Landstraße von Palma nach Sóller bei Kilometer 30.
Jardines de Alfábia: Die Gärten aus arabischer Zeit sind sehr verwunschen. Mo.–Fr. 9.30–18, Sa. bis 17.30 Uhr. An der Landstraße von Palma nach Sóller bei Kilometer 17 direkt neben dem Parkplatz des Restaurants Ses Porxeres.

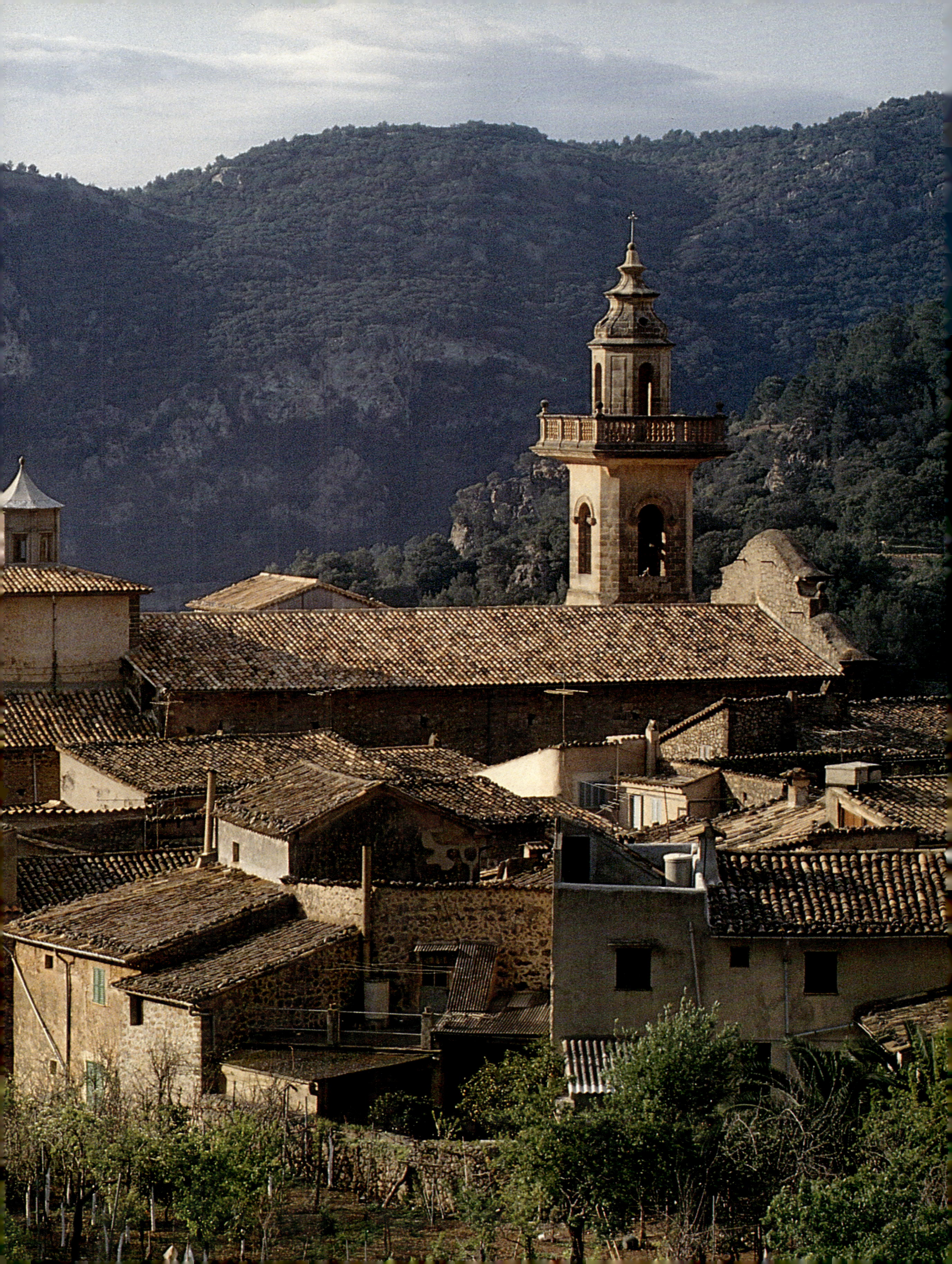

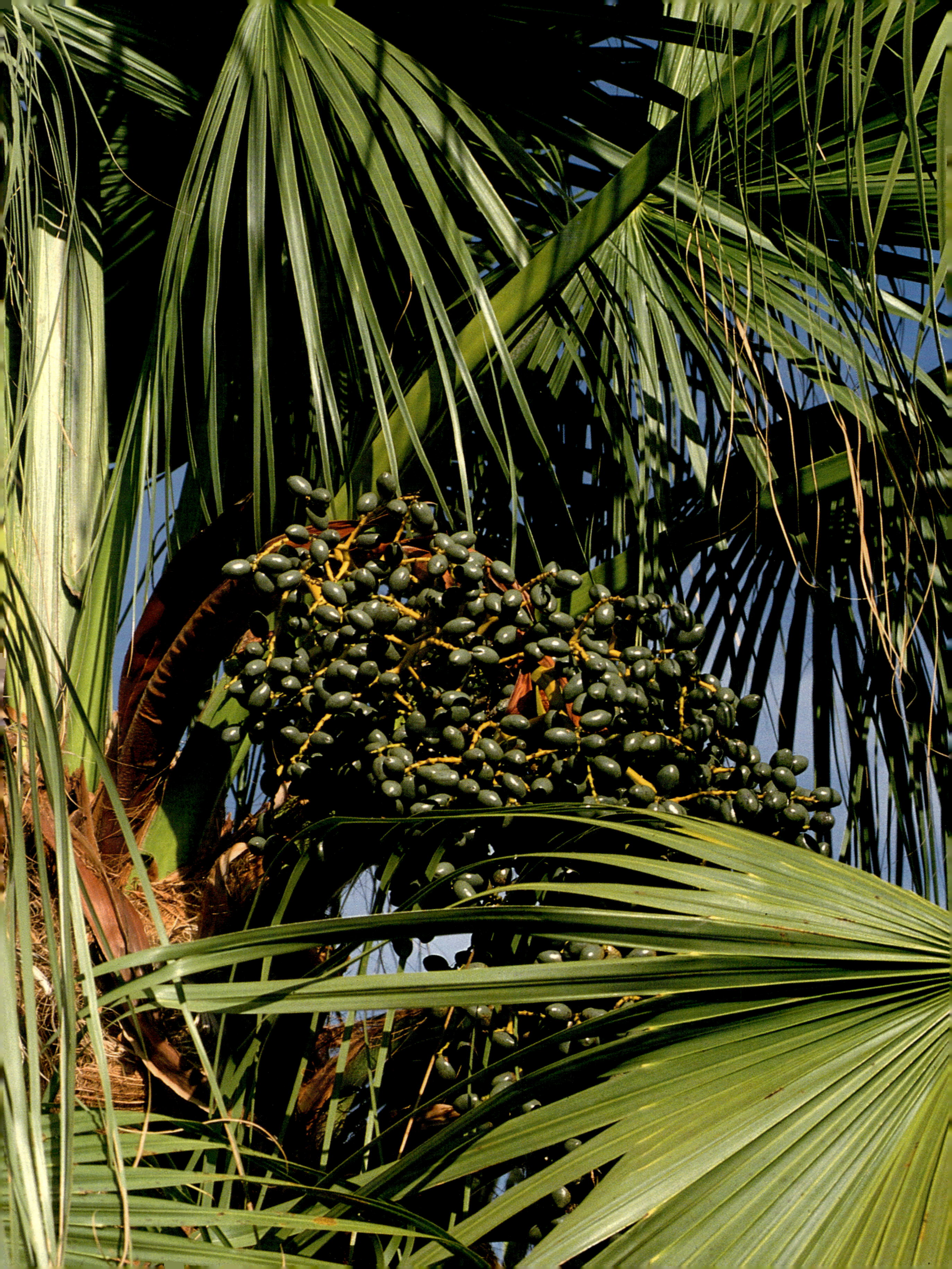

kusblüten, deren Blütenfäden von Hand gezogen werden müssen und dann in einem langwierigen Verfahren getrocknet werden.

Die eigentlichen Nutzgärten Mallorcas, die Huertas, mit rotem, bei entsprechender Bewässerung sehr fruchtbarem Boden, findet man in den Ebenen um Palma, Campos und Sa Pobla. Dort wächst knackiges Gemüse, das nur darauf wartet, in den Topf oder die Salatschüssel geschnitten zu werden.

Süße Datteln, mit denen schon Kaiser und Könige ihre Geliebten versöhnlich gestimmt haben, wachsen auch auf mallorquinischen Palmen (links).

Mandeln und andere Nüsse gehören wie hier in Sineu zum regelmäßigen Angebot auf den Märkten der Insel (rechts).

Esel und Maultiere benutzen die mallorquinischen Landwirte auch heute noch zum Mahlen von Getreide (unten).

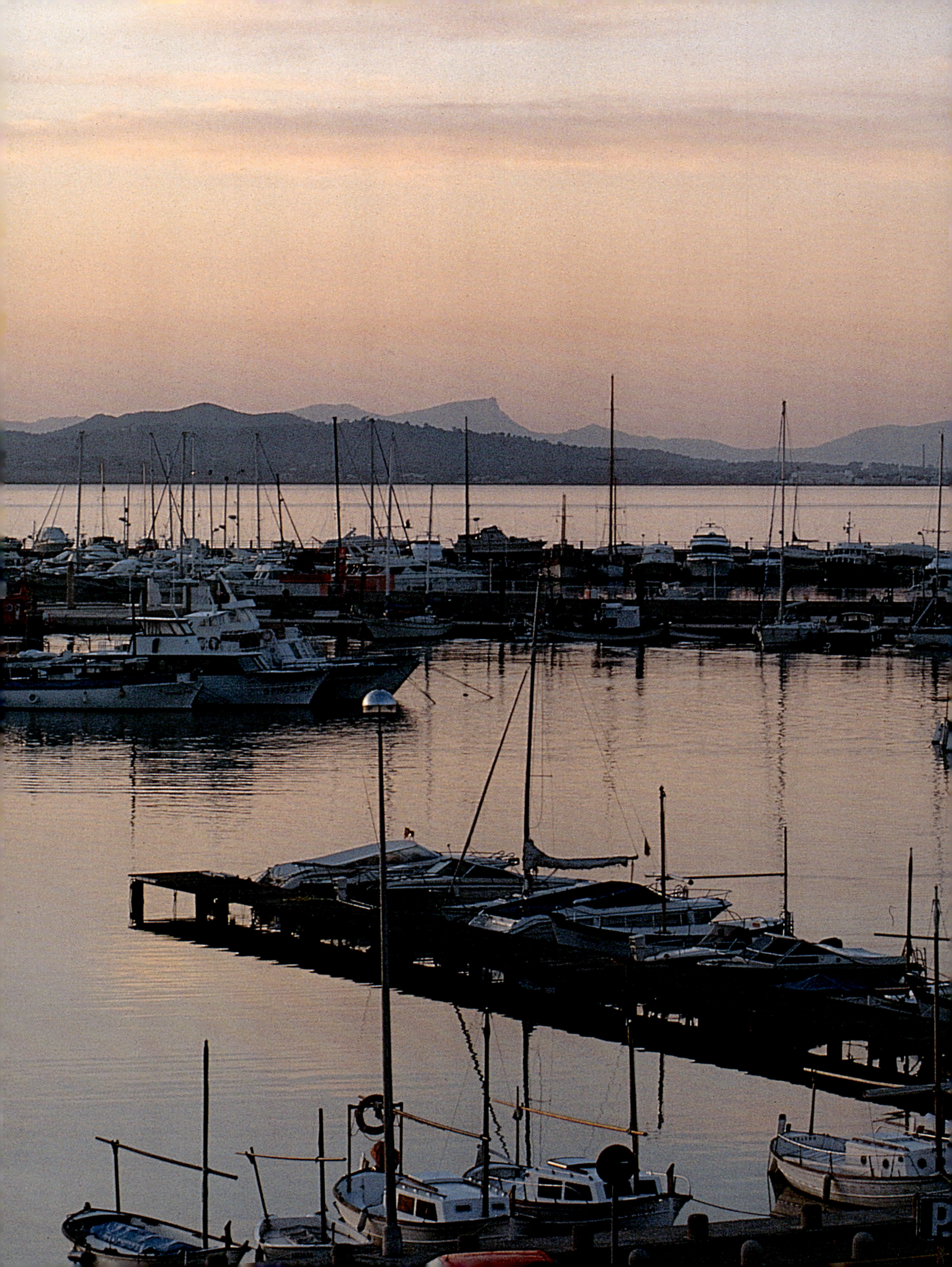

Die schönsten Urlaubsplätze

Mallorca-Reisenden, die nicht nur Erholung am Strand suchen, bietet die Insel reichhaltige Möglichkeiten, ganz andere Seiten eines Paradieses kennenzulernen und interessante Erfahrungen zu machen. Ein Angebot

Mallorca – wo es am schönsten ist? Die Antwort auf die Frage ist wie bei allen Unterscheidungen zwischen hübsch und häßlich eine Sache des guten (oder schlechten) Geschmacks. Trotzdem wollen wir versuchen, dem interessierten Inselbesucher ein paar Höhepunkte mit auf den Weg zu geben, die so sehenswert sind, daß sie auch in der Rückbesinnung auf die Reise erinnerungswürdig sein werden. Da die Erfahrung zeigt, daß niemand auf der dann doch recht großen Insel ständig hin und her fährt, haben wir die Insel zur besseren Orientierung nach den Urlaubsregionen aufgeteilt. Wo Mallorca am schönsten ist – eine ganz persönliche Auswahl!

Sierra de Tramuntana – die Westküste. Beginnen wir ganz im Norden. Wer die Halbinsel Formentor, Mallorcas mächtige, ins Mittelmeer hineinragende Felsennase nicht gesehen hat, ist der Insel nicht wirklich nahegekommen. Steile Klippen, winzige Sandbuchten, eine herrliche Natur!

Dort, wo die Nase abknickt, liegt Puerto de Pollensa, ein Urlaubsort, der sich immer noch ein eigenes Gesicht bewahrt hat. Schön ist ein Spaziergang über den

Der Hafen von Puerto Pollensa gehört traditionell den Engländern. Sie haben den einst von Piraten umkämpften Hafenplatz mit der Festung La Fortaleza und einem, was ihnen wichtiger war, breiten Sandstrand am südlichen Ende des Ortes, der am Beginn des Jachthafens endet, schon 1634 als Ferienort für gehobene Ansprüche entdeckt.

RANDNOTIZEN

Des Königs Segelrevier

Juan Carlos, der König von Spanien, bewohnt auf Mallorca eine Sommerresidenz, den Marivent-Palast in Portopí – und das hat einen großen Grund. Er hält die Segelreviere rund um die Insel für die besten Spaniens. Seine Jacht heißt »Fortuna«. Aus Sicherheitsgründen darf er immer seltener seinen Lieblingshafen Puerto de Andraitx anlaufen. Seine Sicherheitsleute bestehen darauf, daß die »Fortuna« nachts im militärischen Teil von Palmas Hafen vertäut liegt. Von hier unternimmt die Königsfamilie, stets begleitet von einem Patrouillenboot der Kriegsmarine und einem Polizei-Schnellboot, Ausflüge zu den Inseln Cabrera und Dragonera oder in einsame Badebuchten, die man nur vom Meer aus erreichen kann. Und wenn Juan Carlos bei einer der Regatten, an denen er gern teilnimmt, gewinnt, heißt es auch für ihn nach alter Seglermanier »Den König ins Wasser« – und er landet im Pool.

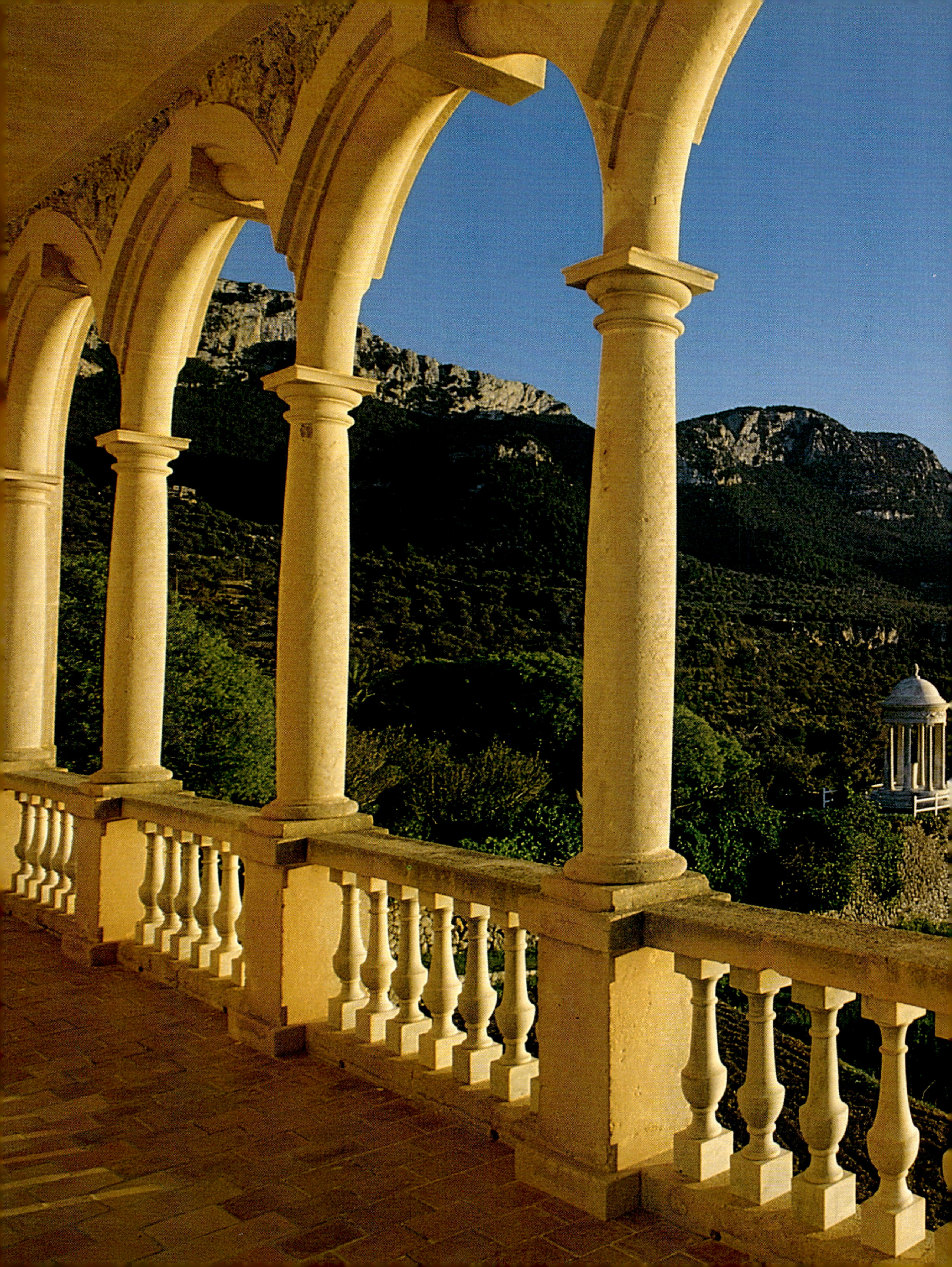

Vom Balkon des einst vom österreichischen Erzherzog Ludwig Salvator bewohnten Herrenhauses Son Marroig hat man einen schönen Ausblick auf die ins Meer ragende Felsennase Sa Foradada.

Paseo Vora Mar und seine Verlängerung Paseo Colón, einen fast drei Kilometer langen Fuß- und Fahrradweg unter schattenspendenden Bäumen direkt am Meer.

Nach Süden schließt sich der große westliche Bergrücken, die Sierra de Tramuntana, an. Für Wanderer gibt es die schönsten Schluchten, für Badefreunde die aufregendsten Buchten. Beides verbindet

Im Restaurant Porxada de Sa Torre neben dem Torre de Canyamel an der Ostküste grillt man die inselweit geschätzten Spanferkel über offenem Feuer (links).

Der Jachthafen Puerto Portals, der zur Gemeinde Portals Nous gehört, ist ein mondäner Ort für Menschen, die sehen und gesehen werden wollen (rechts).

An der neugestalteten Hafenmole von Puerto de Andraitx lohnt eine Rast in einem der vielen Straßencafés (unten).

sich im neben der sehr touristischen Ausflugsbucht La Calobra gelegenen und von dort durch zwei Fußgängertunnel erreichbaren Torrente de Pareis.

Selbstverständlich fahren wir auf dem weiteren Weg durch die Tramuntana Sóller mit seinem Bahnhofsplatz an, auf dem die im Frühling hellblau blühenden Jacarandabäume bemerkenswert sind und von dem die Straßenbahnen zu den Stränden von Puerto de Sóller abgehen, Deià mit seinen fernsehbekannten Hotels und den Villen von Stars wie Hollywoodschauspieler Michael Douglas und Valldemossa mit der Liebeskartause von Chopin und George Sand. Zwischen Deià und Valldemossa stoßen wir dabei auf das besuchenswerte Herrenhaus Son Marroig, das einst zu den Besitzungen des österreichischen Erzherzogs Ludwig Salvator (1847 bis 1915) gehörte. Salvator, den die Mallorquiner »Arxiduc« nannten und dem sie 1910 die Ehrenbürgerwürde verliehen, ist Autor des siebenbängen Standardwerks »Die Balearen in Wort und Bild«, dessen zweibändige Zusammenfassung heute als Faksimiledruck wieder erhältlich ist. Ein Museum erinnert an den Erzherzog und sein Leben auf Mallorca (tägl. 10.30 bis 14.30 und 16.30 bis 18.30 Uhr).

Schließlich müssen wir uns entscheiden, ob wir über Puigpunyent durch Galilea und Capdella nach Andraitx und Puerto de Andraitx fahren oder über Banyalbufar, noch einmal einen wahrhaft paradiesischen Ort. Dort gibt es bis hinunter ans Meer Terrassengärten, in denen Pflaumen, Tomaten und Wein, ein

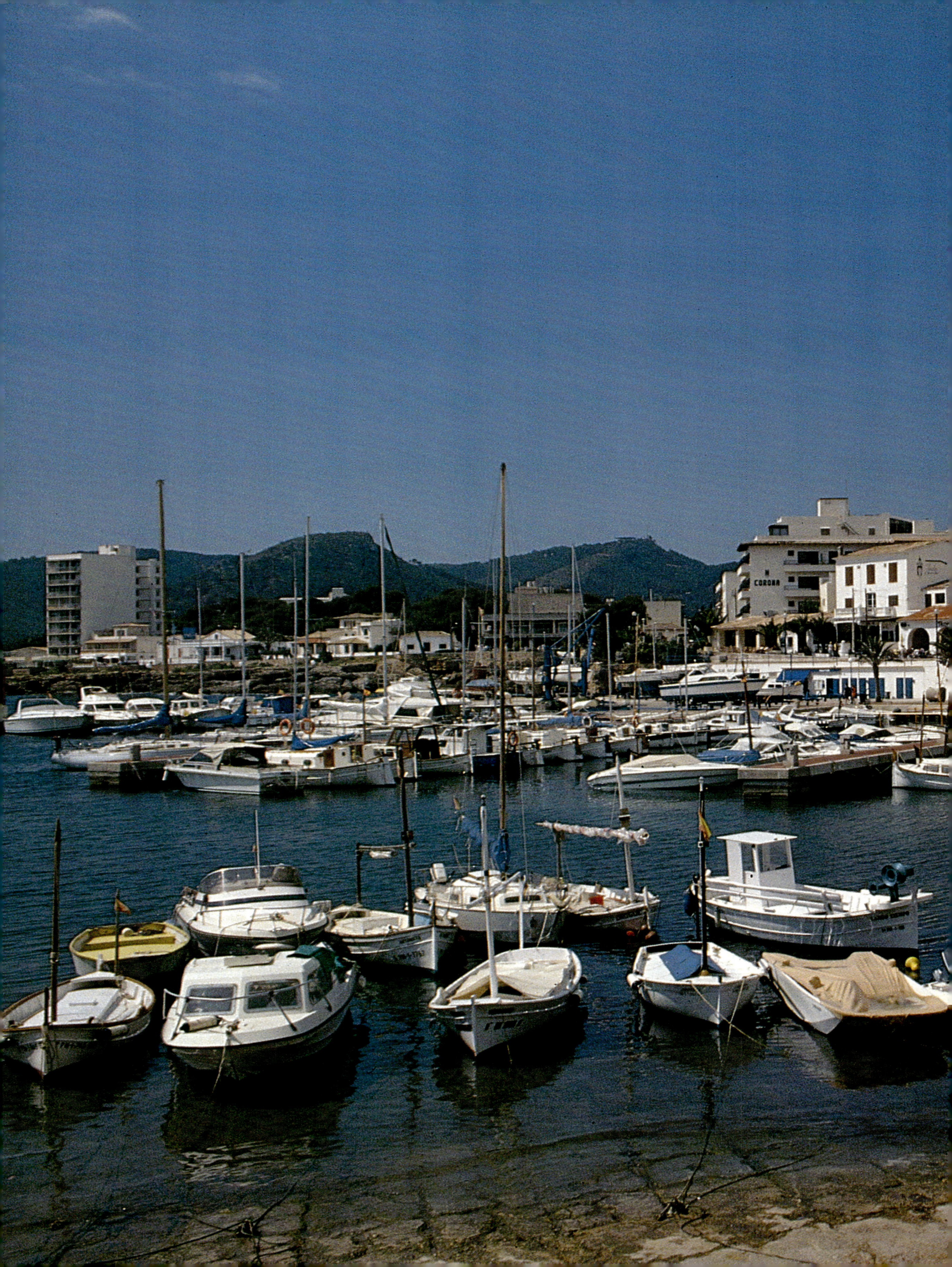
CORONA

Die Cala Ratjada im Nordosten ist Mallorcas zweitwichtigster Fischereihafen und ein bedeutendes Ferienzentrum besonders für Deutsche, die auf der Hafenmole vorwiegend am Abend viele Bars und Restaurants finden, in denen es lange hoch hergeht.

WISSENSWERTES ÜBER LAND UND LEUTE

Die Insel der Sonne

Mallorca ist eine Sonneninsel. Nichts Neues! Aber Mallorca ist auch eine Insel der Sonnenuhren. Der spanische Sonnenuhren-Experte Miguel Angel García hält die Insel für die Region mit den meisten Sonnenuhren in Europa. Über 1000 Sonnenuhren hat er für sein Buch »Relojes del sol« katalogisiert. Der Autor glaubt, daß die ersten Sonnenuhren auf Mallorca schon in römischer Zeit entstanden, historisch belegt sind sie allerdings erst ab dem 16. Jahrhundert.

Für den Blick auf die Sonnenuhr, besser noch: um zu wissen, wann es Zeit ist, an den Strand zu gehen, notieren wir an dieser Stelle die Sonnentage / Sonnenstunden pro Tag auf der Insel.

Januar:	21 / 4,4	Juli:	30 / 11,8
Februar:	14 / 4,6	August:	31 / 12,1
März:	21 / 6,6	September:	24 / 9,4
April:	15 / 8,3	Oktober:	19 / 7,1
Mai:	23 / 9,4	November:	24 / 5,8
Juni:	28 / 10,9	Dezember:	24 / 5,2

dem Sherry nicht unähnlicher Malvasia-Muskateller, gedeihen. Vorsicht! Die Straße hier ist schmal und kurvenreich.

Auf der dem Meer abgewandten Seite der Tramuntana, an der Strecke von Palma nach Alcúdia, zieht das Städtchen Inca mit seinen viel zu teuren Lederfabriken Touristen in Scharen an. Viel spannender sind die Celleres genannten Kellerbeizen in der Altstadt.

Der Süden. Von der Fülle der Strände an der südlichen Kante des Mallorca-Parallelogramms haben wir an anderer Stelle schon berichtet. Deshalb sei hier lediglich noch auf das Städtchen Santanyi hingewiesen, von dem aus man besonders gut den Südostzipfel der Insel erkunden kann. In der Umgebung von Santanyi gibt es noch viele Zeugnisse alter Talayot-Siedlungen. Die historischen Spuren findet man auch in den Straßen der Stadt. Denn beim Bau vieler Häuser wurden so manche Talayot-Steinreste verwendet. Vom mittelalterlichen Stadtkern blieb nach ungezählten Piraten-Brandschat-

Das einstige Künstlerdorf Deià hat heute viele deutsche Tagesbesucher, weil hier im Hotel La Residencia eine bekannte Fernsehserie gedreht wurde (oben).

Exakt 365 Steinstufen führen auf den Puig del Calvari, den Kalvarienberg von Pollensa, der von Zypressen umstanden ist. Das Restaurant Daus hat ein Kellergewölbe, in dem es bei Kerzenlicht mallorquinische Spezialitäten gibt (rechts).

Mallorcas Schafzucht sorgt für Abwechslung auf den Speisekarten (links).

zungen nur das sehenswerte Stadttor Porta Murada.
Serranías de Levante – die Ostküste. Auch am gemessen an der Tramuntana wesentlich sanfteren Höhenrücken der Serranías de Levante be-

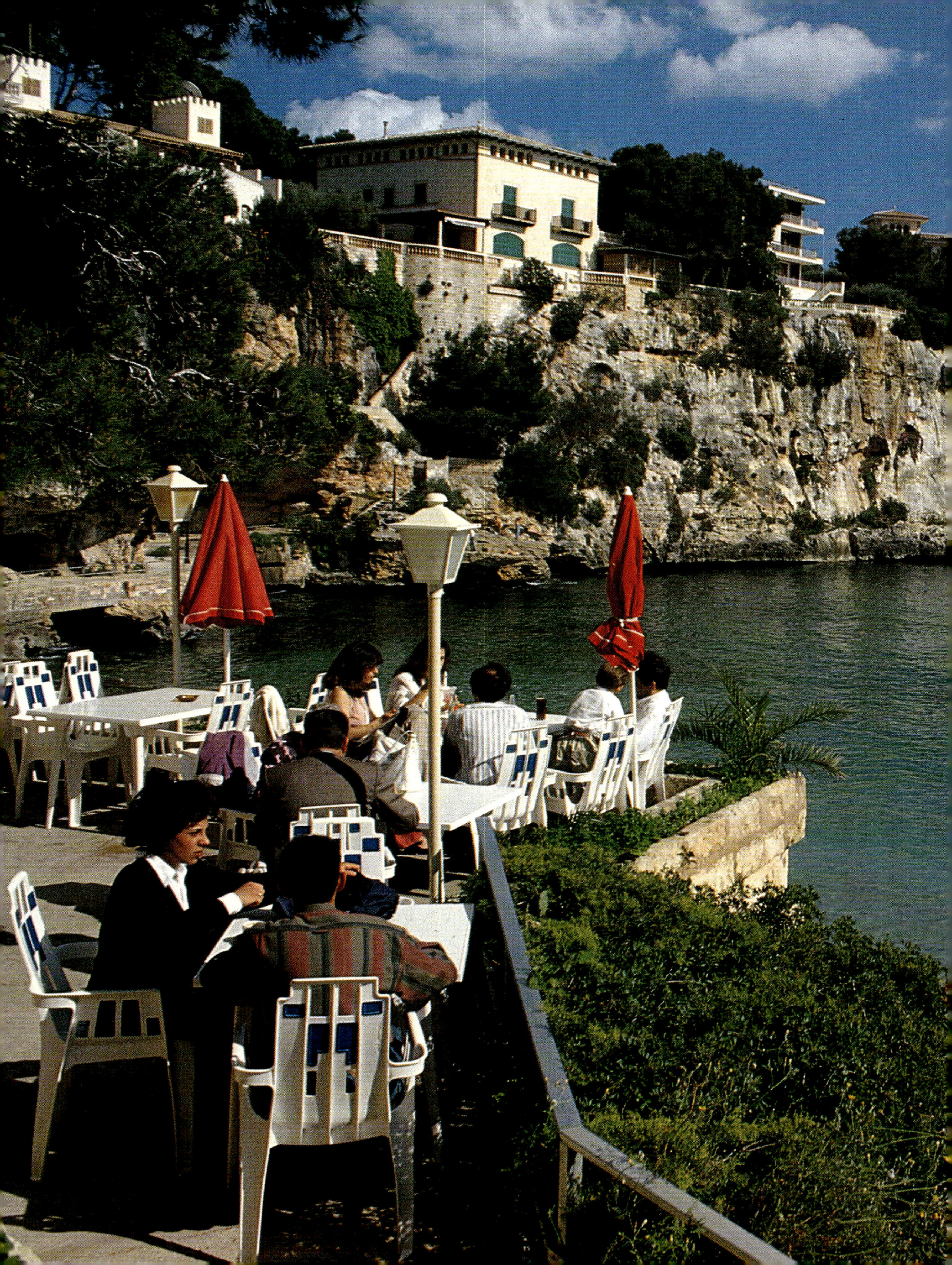

Die Bucht des Fischerdorfes Porto Cristo mit Steilküste und einem baumumstandenen Platz an der Hafenmole kann außerhalb der Hauptferienzeiten recht idyllisch sein. Sehenswert ist ein Wachturm aus dem 17. Jahrhundert. Es gibt auch einen kleinen Sandstrand.

stimmen die Strände, Häfen und Buchten das Bild. Trotzdem gibt es darüber hinaus ein paar lohnenswerte Ausflugsmöglichkeiten.

Da wäre zunächst einmal Felanitx. In früheren Jahrhunderten galt die Stadt am Südrand der Serranías als Zentrum der Azulejos-Herstellung. Azulejos, die die Araber mit nach Spanien brachten, sind handbemalte Fayencewandfliesen, die allein oder in Vierergruppen Szenen, meist aus dem Landleben, darstellen. Viele dieser schönen Kunstwerke kann man auch noch in den palastartigen Stadthäusern von Palma bewundern. Das, was die Céramicas Mallorcas heute in ihrem Verkaufsraum an der Calle San Augustin anbieten, ist nicht mehr nach originalen Mustern gefertigt.

Nicht für jeden Geschmack ist das Spektakulum in den Cuevas del Drach, den Drachenhöhlen, zwischen den noblen Jachthäfen Porto Cristo und Porto Colóm. Aber, wer's mag: Auf einem unterirdischen See gleiten zur klassischen Musik von Chopin oder Händel Gondeln mit Musikern übers Wasser (tägl. ab 11 Uhr jede Stunde).

Die Industriestadt Manacor kennen Touristen hauptsächlich wegen ihrer Perlenzüchter, deren Produkte beliebte Souvenirs darstellen.

Weiter nördlich hinter San Lorenzo des Cardessa und Son Servera stoßen wir auf zwei Ziele, die beide auf ganz unterschiedliche Art ihren Reiz haben: Der Torre de Canyamel, ein Klotz aus dem 14. Jahrhundert an der Straße in die Bucht von Canyamel, gehört zu einem Landgut mit dem Ausflugslokal Porxada de Sa Torre, in dem es die besten Spanferkel der Insel gibt. Etwas weiter am Cap de Vermell findet man die Cuevas de Artá, Mallorcas bekannteste Tropfsteinhöhlen. Man betritt die Höhlen durch einen weit offenen Schlund 40 Meter über dem Meeresspiegel (tägl. 9.30–17 Uhr).

Im Hafen Puerto de Sóller trocknen die Fischer ihre Netze. Der Ortsname Sóller kommt übrigens vom arabischen »sulli-ara«, was soviel bedeutet wie »Tal des Goldes« und auf die wunderbare Gartenlandschaft im Hinterland des Fischereihafens Bezug nimmt (oben).

Frischen Fisch von mallorquinischen Fischern gibt es in der Markthalle von Palma, die bis mittags geöffnet hat (rechts).

Der Hibiskus blüht tiefrot (links).

Über Capdepera, an dessen Hauptplatz Plaza España man unter Einheimischen einen Kaffee nehmen sollte, kommen wir nach Artá. Die Stadt lohnt schon deshalb einen Besuch, weil man von ihrem Kalvarienberg aus einen tollen Ausblick in alle Richtungen hat. Man erkennt, daß diese Stadt mit dem Talayot Ses Pais-

ses, einem der größten megalithischen Siedlungen auf den Balearen, mitten in einem herrlichen Garten liegt.

Es Plá – die Mitte Mallorcas. Man kann sagen: Hier schlägt das Herz der Insel. Denn von Es Plá aus, das die Spanier auch Llanura del Centro nennen, werden die großen Touristenzentren mit allem Lebenswichtigem versorgt. Aus der Gegend um Porreres kommen Aprikosen und Mandeln, aus Muro Feldfrüchte und Gemüse, aus Villafranca de Bonany die erfrischenden Melonen, aus San Joan das Schweinefleisch. Die drei wichtigen Zentren in der Ebene sind Campos del Puerto, Lluchmayor und Petra.

Das Landstädtchen Campos del Puerto gilt als Versammlungsort der mallorquinischen Bauern. Hier halten sie ihre Tagungen ab und veranstalten ihre Landwirtschaftsmessen. Für Touristen lohnt ein Blick in die Pfarrkirche San Julián, schon allein wegen eines Bildes: »El Santo Cristo de la Pacienca« des spanischen Malers Bartolomé Esteban Murillo (1618–1682), das er um 1640 malte. Der leidende Christus bekommt im Zwielicht der Kirche leuchtende Mächtigkeit.

Mehr als durch die Landwirtschaft ist Lluchmayor bekannt für seine Schuhindustrie, auf deren Tradition ein Denkmal am von schönen Jugendstilhäusern umstandenen Hauptplatz Plaza España hinweist: Es zeigt zwei Schuhmacher mit Schürzen bei ihrer Arbeit. Abstecher von Lluchmayor wert sind die Talayot-Siedlung Capicorp Vell im Süden und der 542 Meter hohe Tafelberg Puig Randa.

Wenn gerade die Sonne aufgeht, ist die Hafenpromenade von Puerto de Pollensa, das sich mit Strand und sehr flachem Wasser familienfreundlich gibt, noch verloren ruhig.

RANDNOTIZEN

Das Rätsel Talayot

Es gibt archäologische Belege, daß seit 40 000 Jahren Menschen auf Mallorca leben, die wahrscheinlich auf Fellbooten aus Südfrankreich oder Norditalien kamen. Reste einer ersten Dorfanlage aus der Zeit um 1500 v. Chr. sind bei Ferrandel/Oleza Nou in der Nähe von Valldemossa erhalten. Um 1400 bis etwa 800 v. Chr. brachten möglicherweise Seefahrer aus England, weil man dort (Stonehenge) ähnliche Zeugnisse gefunden hat, die Talayot-Kultur der Großsteine (Megalithen) nach Mallorca. Talayots sind mysteriöse Türme, die aus trockenen Steinquadern ohne Verwendung von Mörtel gebaut wurden. Reste von etwa 1000 dieser Bauten gibt es auf Mallorca. Rätselhaft sind sie deshalb, weil man bis heute nicht weiß, wozu sie eigentlich gebaut wurden.

Petra schließlich ist für die Mallorquiner deshalb besonders wichtig, weil hier 1713 der spätere Franziskanermönch Fray Junípero Serra geboren wurde. Der Ordensbruder reiste 1747 mit drei Gleichgesinnten nach Mexiko und weiter ins nordamerikanische Kalifornien, wo er 21 Missionsstationen gründete, darunter auch San Francisco de Assisi, die heutige Millionenstadt San Francisco. In der nach dem frommen Mann benannten Calle Junípero Serra findet man sein Geburtshaus, die Casa Solariega, und daneben das Museo Junípero Serra (tägl. 9–20 Uhr).

Profanere Vergnügen in Petras Nähe bieten das südlich gelegene Landgut Son Santandreu mit der schönsten Fächersammlung Spaniens und die südwestlich gelegene Hügelstadt Montuiri mit ihren malerischen Gassen, die zu eng für Autos sind. Kleine, stimmungsvolle Kneipen laden zur Rast ein.

Und bei offenem Landwein ist man wieder einmal bereit anzuerkennen, welch schöne Plätze zum Verweilen diese Insel zu bieten hat.

Ein Besuch in Palma de Mallorca

Für viele Mallorca-Freunde macht sie gerade den Reiz der Insel aus: die Hauptstadt mit ihren malerischen Altstadtgassen und ihrem brodelnden Leben

La Seo – die Kathedrale. Sie ist Anfang und Ende der Leidenschaft, die auch noch jeden packt, der Palma, die Hauptstadt von Mallorca, wieder und wieder gesehen hat. Mächtig erhebt sich dieses Gotteshaus, dessen Grundstein 1229 nach der christlichen Rückeroberung der Insel gelegt wurde, in unmittelbarer Nähe des Hafens. »La Seo« ist Mallorquín und heißt schlicht »das Licht«. Das schönste Licht fällt morgens, wenn die Sonne noch im Osten steht, durch die Rosette der Hauptapsis. Mit ihrem Durchmesser von 11,15 Metern ist die aus 1236 farbigen Glasstückchen bestehende Mosaikarbeit aus dem 14. Jahrhundert die größte Kirchenrosette der Welt. Die Faszination, die von La Seo innen wie außen ausgeht, erfaßt den Reisenden und macht ihn neugierig auf das ganze Palma, dessen Sehenswürdigkeiten wir nachfolgend, der besseren Übersichtlichkeit willen, in alphabetischer Reihenfolge betrachten und, ja, dies auch immer wieder, bewundern wollen.

Almudaina – der Königspalast. Das Schloß aus der Zeit der aragonischen Könige mit seinen wunderschönen Arkaden liegt direkt neben der Kathedrale. In Teilen ist die Sommerresidenz des heutigen Königs von Spanien für die Öffentlichkeit zugänglich (geöffnet Di.–Sa. 10.30–14 und 16–18.30 Uhr, Sa. nur vormittags, Eintritt: 400 ptas). Bei Führungen, die zu jeder halben Stunde in wechselnden Sprachen (auch in Deutsch) stattfinden, bekommt man sogar den Thronsaal und das Arbeitszimmer des Königs zu sehen.

Castillo de Bellver. Das im 13. Jahrhundert begonnene und unter dem aragonesischen König Jaime II. vollendete Stadtschloß ist der einzige Kastellrundbau Spaniens. Der Weg hinauf, zu Fuß durch den Bellver-Park oder über die Calle Camilo José Cela, lohnt allein schon wegen des einmaligen Blickes von der Dachterrasse über die gesamte Bucht von Palma. Im Innenhof sind die zweigeschossigen Loggien und die Zisterne mit Brunnen bemerkenswert. Ein Museo Municipal im Inneren zeigt eine beachtliche archäologische Sammlung mit Zeugnissen, die bis in die Talayot-Zeit zurückreichen, und eine Gemäldesammlung zur Geschichte der Insel (geöffnet tägl. 9 Uhr bis Sonnenuntergang, Eintritt: 200 ptas).

Gran Hotel. Das im Jahr 1903 eröffnete Luxushotel gehört zweifellos zu den schönsten Bauten Palmas. Den Jugendstilbau des berühmten Architekten Lluis Domenech i Muntaner an der Plaza Weyler hat die Sparkasse La

Die Kathedrale La Seo ist Palmas Wahrzeichen. In dem vom Hafen besonders schön zu sehenden Sakralbau befinden sich 20 Kapellen, von denen die Capilla Real am Ende des Mittelganges die Älteste ist.

WISSENSWERTES ÜBER LAND UND LEUTE

Ein harmonisches Gotteshaus

Palmas wunderschöne Kathedrale La Seo ist mit ihrer Länge von 120 Metern, der Höhe von 44 Metern über dem Mittelschiff und der Breite von 40 Metern nicht nur ein majestätischer und prachtvoller Bau, sondern für einen solchen Klotz ein ungewöhnlich harmonischer dazu. Das wundert um so mehr, wenn man bedenkt, daß der 1230 begonnene Bau praktisch erst nach fast 700 Jahren Bauzeit vollendet worden ist. Immer wieder wurde an La Seo weitergearbeitet. Im Jahr 1903 schließlich begann kein Geringerer als der große spanische Baumeister Antonio Gaudí (1852–1926), der in Barcelona geschwungene, fast tanzende Wände erfunden hatte, mit der bislang letzten Restaurierung und einer Umarbeitung verschiedener der insgesamt immerhin 20 Kapellen, die es unter dem Dach von La Seo gibt. Gaudís Arbeit dauerte fast drei Jahre bis 1906. Der Jugendstilarchitekt gab dem Sakralbau zusätzliche Einmaligkeit – mit der Beleuchtung in der Capilla Real etwa, die am Anfang nicht unumstritten war, weil er nackte Glühbirnen in die Tiara setzte und einen schweren Brokatbaldachin über den Altar spannte. Auch die Hauptkanzel rückte er in die Mitte des Hauptschiffes.
Geöffnet ist die Kathedrale werktags 10–13 und 16–18, Sa. 10–14 Uhr und zu den Gottesdienstzeiten.

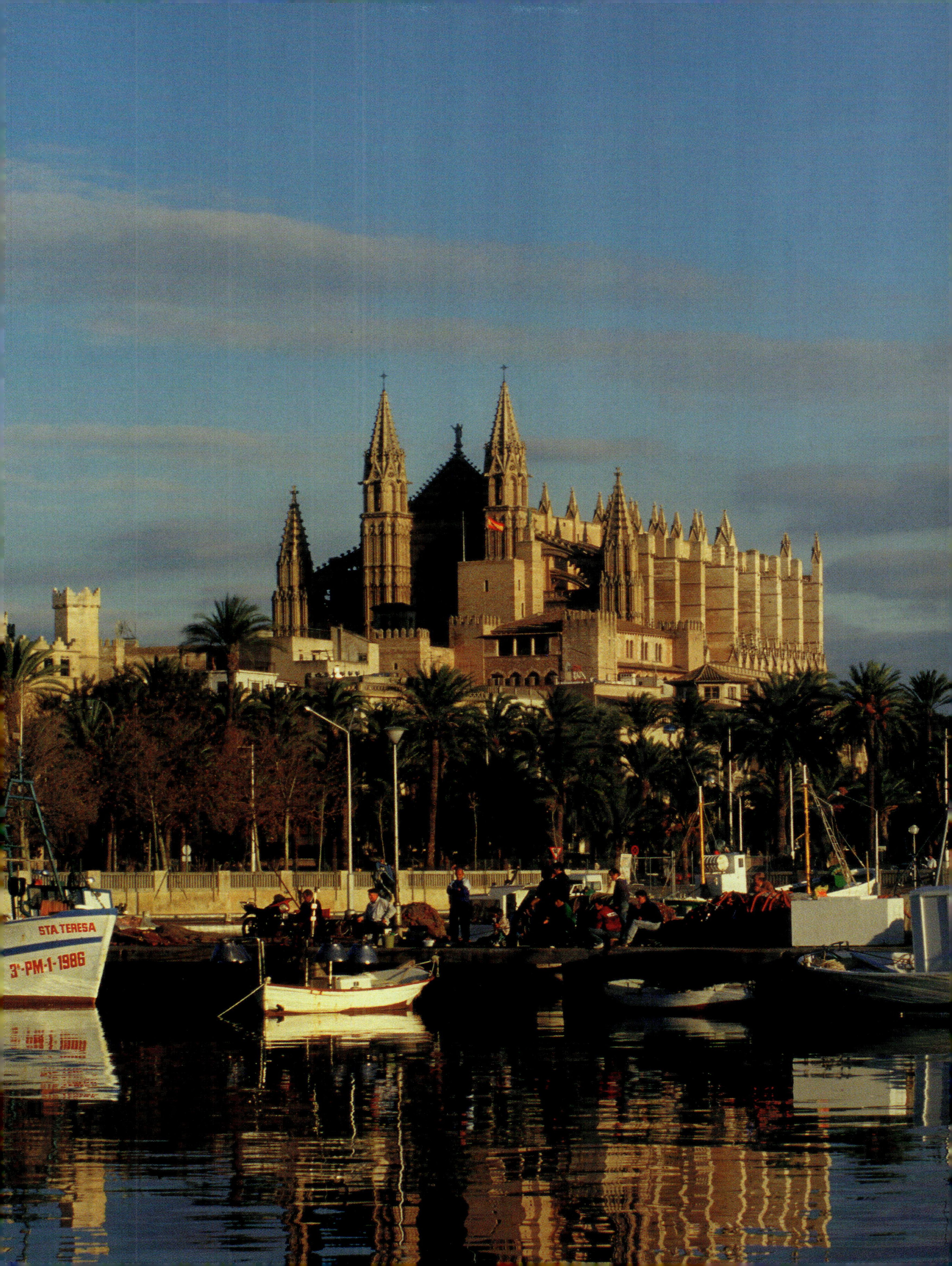
STA TERESA
3ª-PM-1-1986

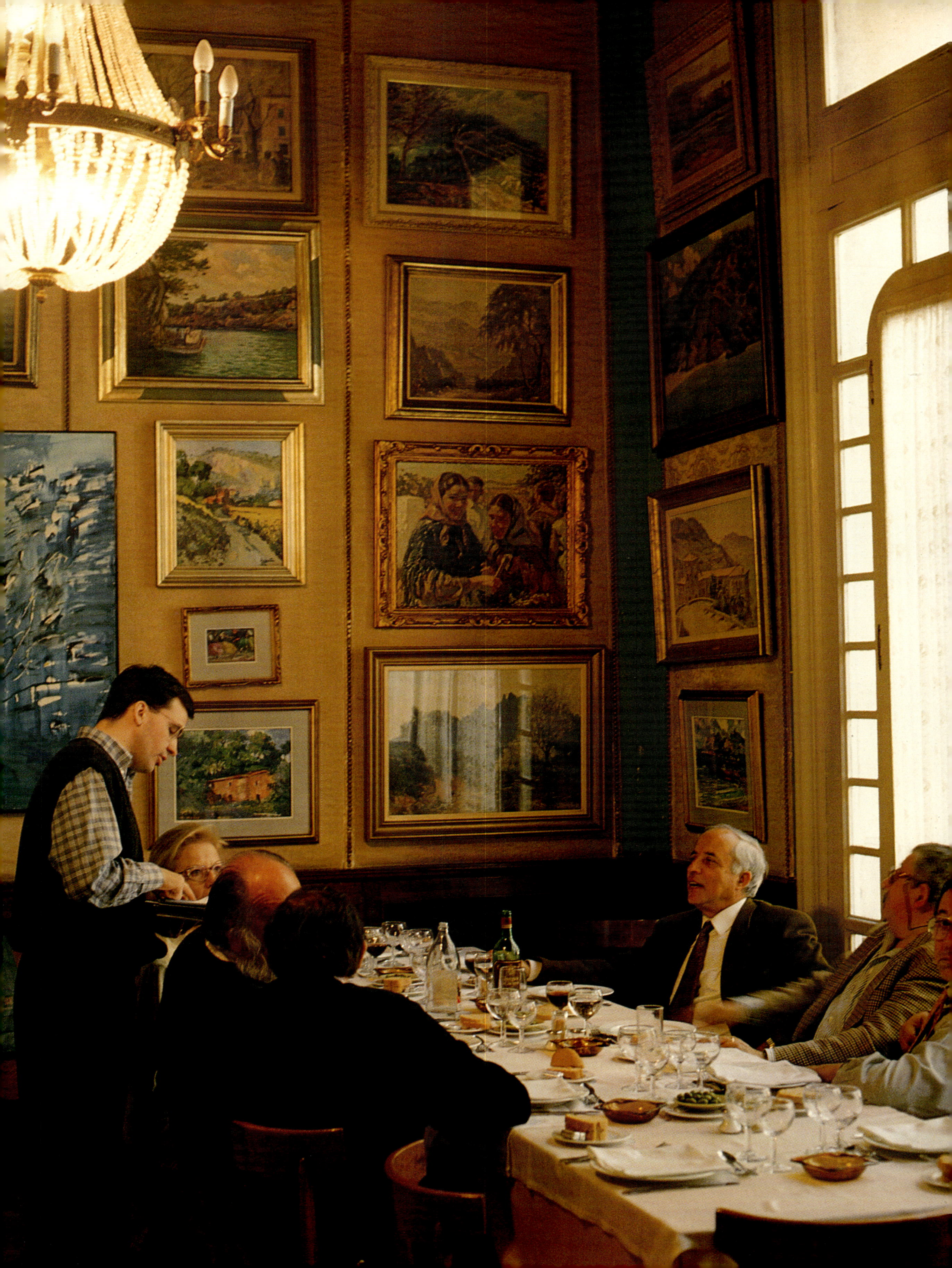

Handelszentrum des gesamten Mittelmeeres. Die hohe, von sechs gedrehten Säulen getragene Kuppel kann man während Sonderausstellungen bewundern, über deren Inhalt und Öffnungszeiten die Touristenbüros informieren.

La Portella – die Altstadt. Östlich beziehungsweise nördlich der Kathedrale bieten sich die mittelalterlich wirkenden Gassen der Altstadt zum Flanieren an, weil es sehr viele schöne alte Häuser mit prächtigen Innenhöfen gibt. Die Stadtpaläste Palmas gehören zu den schönsten Spaniens. Die meisten entstanden im 15. und 16. Jahrhundert. Meist schufen Baumeister aus Florenz oder Genua die Pläne. Als Baumaterial benutzten sie in der Regel den Sandstein Marés aus den Stein-

Der Schatten vor der mächtigen Palme umrahmt den Ausblick vom Kreuzgang der Klosterkirche San Francisco (oben).

Vor der Sonne und Einblicken schützen sich die Bewohner von Palmas gern besuchter Altstadt durch geschlossene Fensterläden (rechts).

Im Parlamentsgebäude befindet sich das Nobelrestaurant Es Parlament (Carrer Conquistador 11, Tel. 72 60 26), das auch von den Mallorquinern gern besucht wird (links).

Caixa zu einem Kulturzentrum mit Bibliothek und Sälen für Wechselausstellungen umfunktioniert (geöffnet tägl. außer Mo. 11–21 Uhr, So. nur bis 14 Uhr, Eintritt frei). Besonders eindrucksvoll sind die liebevoll restaurierten Bleiglasfenster und Stuckarbeiten an der Fassade.

La Llotja. Die alte Seehandelsbörse am Paseo Sagrera, ein Werk des Baumeisters Guillermo Sagrera aus dem 15. Jahrhundert, galt vor der Entdeckung Amerikas als mächtigstes

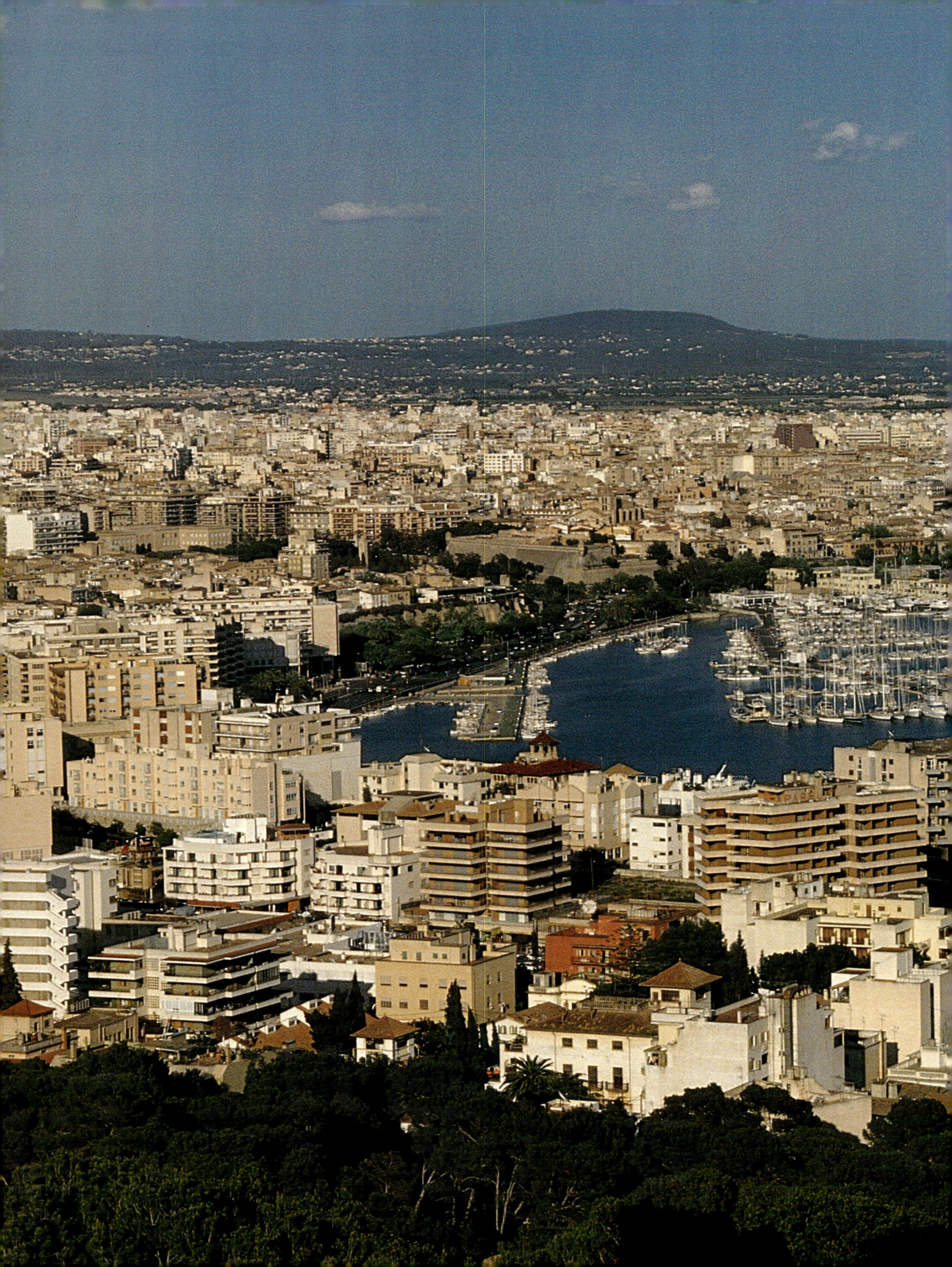

Von der Terrasse des Castell de Bellver hat man diesen herrlichen Ausblick auf die Bucht und den Jachthafen von Palma. Palmaria nannten schon die alten Römer die Hauptstadt Mallorcas, die heute über 300 000 Einwohner und ein vielfaches an jährlichen Besuchern hat.

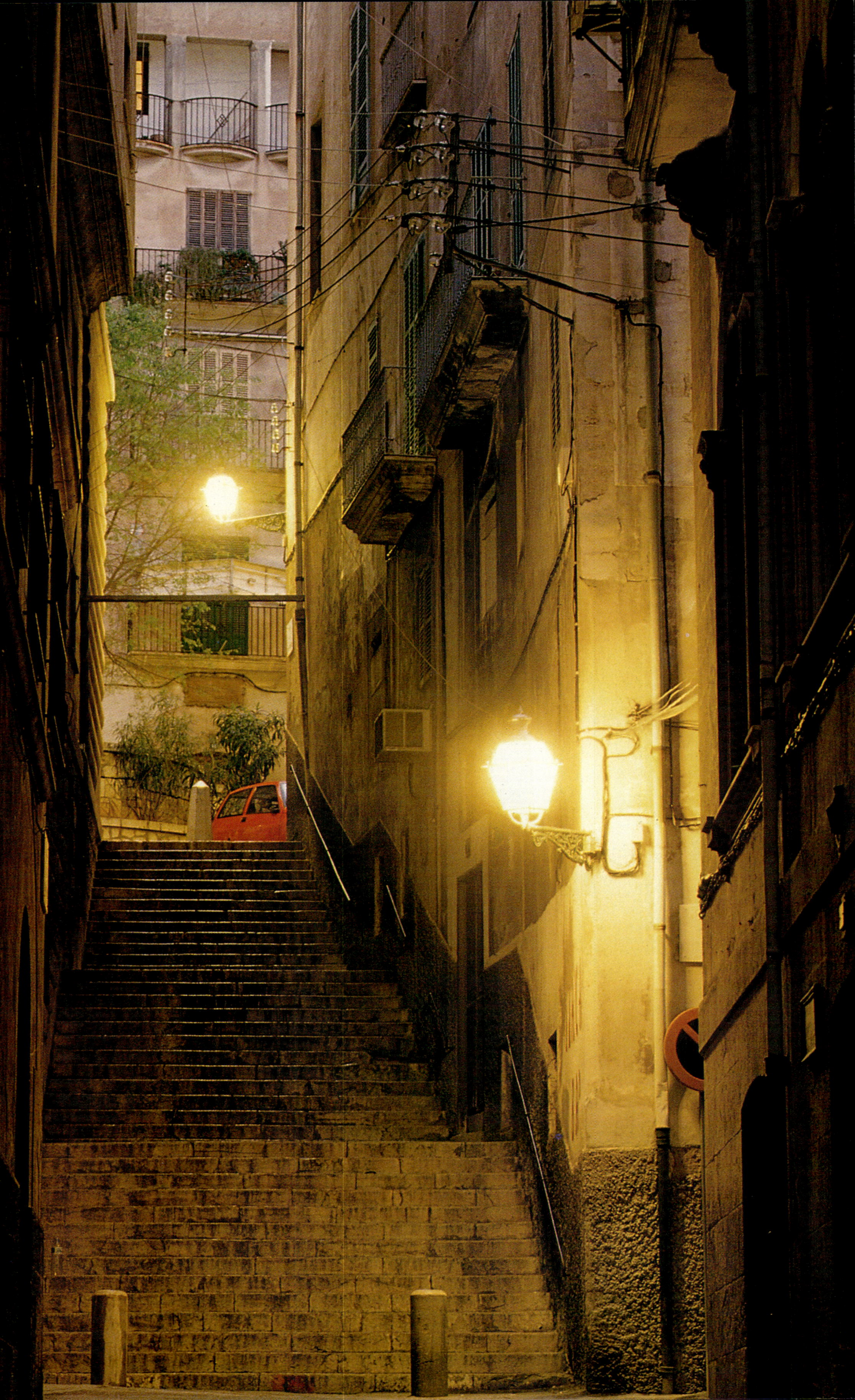

An den Zeitungsständen in Palma gibt's alle großen internationalen Magazine und Tageszeitungen (oben).

Folklore-Show im Varieté Son Amar (rechts).

In der Abenddämmerung ist ein Spaziergang durch Palmas Altstadt La Portella höchst romantisch, aber nicht ganz ungefährlich. Wer allein geht, kann leicht das Opfer von Straßenräubern werden, von denen die Hauptstadt mehr hat als andere Großstädte am Mittelmeer (links).

auch die Baños Arábicos. Die Ruinen der arabischen Bäder sind eines der wenigen noch auf Mallorca zu findenden Zeugnisse aus maurischer Zeit. Es gibt einen besichtigenswerten Garten (geöffnet tägl. außer So. 10–13.30 und 16–18 Uhr, Eintritt: 100 ptas). Ebenfalls in der Altstadt findet man das Museo de Mallorca mit einer sehr interessanten ständigen Keramikausstellung (geöffnet tägl. außer Mo. 10–14 und 16–19 Uhr, So. nur vormittags, Eintritt: 350 ptas). Auch das Fußgänger-Treppenviertel mit seinen vielen Einkaufsmöglichkeiten, das zwischen dem Paseo Borne und der Calle Jaime III. liegt, befindet sich mitten in La Portella.

La Rambla. Die Flaniermeile, die nach den weltberühmten Ramblas in Barcelona ihren Spitznamen trägt, heißt eigentlich Via Roma. Unter den Platanen entlang der Straße, die über einem ehemaligen Wildwasserbett liegt, bieten Blumenhändler ihre Ware an. Die brüchen bei Santanyi, dem auch die Kathedrale La Seo Teile ihrer äußerlichen Schönheit verdankt. Zwei besonders eindrucksvolle Häuser sind das Haus Nummer 7 in der Calle Estudio General, in dem sich die Handelskammer befindet, und die Casa Font i Roig in der Calle La Portella 5. Ganz in der Nähe, in der Calle Serra, findet man

Rambla endet an der Plaza Major, unter der sich ein dreistöckiges Parkhaus befindet, das der Palma-Besucher nutzen sollte. In den meisten Straßen der Innenstadt ist nämlich nur kurzzeitiges Parken zum Be- und Entladen erlaubt. An der Plaza, die im Mittelalter Gerichtsplatz der Inquisition war, gibt es Bars, Cafés und Restaurants. Außerdem findet an mehreren Tagen unter den Arkaden ein Markt statt, auf dem Kunsthandwerker ihre Ware anbieten.

Mercados – die Markthallen. Die bekanntesten und größten Markthallen liegen an der Plaza de Olivar. Auch wer nicht kaufen will, sollte sich in das Getümmel werfen, weil das Angebot eine Augenweide ist. Außerdem gibt es auf der Empore die besten Tapas-Bars der Stadt, weil man die kritischen Marktleute zufriedenstellen muß. Kleinere Hallenmärkte findet man an der Plaza de Pedro Garau und an der Plaza Navegació. Alle drei Markthallen haben täglich außer Sonntag 7–14 Uhr geöffnet.

Paseo Borne. Die frühere Avenida Generalissimo Franco ist eine breite, platanengesäumte Straße, in der die Fußgänger in der Mitte gehen können und der Verkehr an den Seiten vorbeifährt. Früher lag hier das Flanierzentrum der Stadt. Es gab zahlreiche richtige Kaffeehäuser, die heute in Palma selten geworden sind. An der Borne, wie die Mallorquiner ihre Straße kurz nennen, haben Banken und Fluggesellschaften die alten Kaffeehäuser belegt. Auch das älteste noch erhaltene Kaffeehaus, das Café Lirico, 1894 als Café Ca S'Andritxol gegründet, wurde vom Borne vertrieben. Man findet es jetzt nur einen Steinwurf entfernt in der Avenida Antonio Maura. Beliebte Kaffeehäuser sind außerdem die Bar Bosch an der Plaza Rey Juan Carlos und die Bar Cristal an der Plaza España. Die zunehmende Schließung ihrer Kaffeehäuser sehen die Bürger von Palma mit so großer Sorge, daß sie einen eigenen Verein zu deren Rettung gegründet haben, die »Asociación dels Amics dels Cafés«. Schon mit dem katalanischen Namen drückt man aus, daß man sich der Tradition von Stadt und Insel verpflichtet fühlt. Vereinspräsident Jean Schalekamp, Wahl-Mallorquiner und Schriftsteller, sagt denn auch: »Mit jedem Café, das verschwindet, verschwindet ein Stück unserer Kultur, ein Stück unserer Traditionen.«

Paseo Marítimo. Die Hafenpromenade von Palma entstand in ihrer jetzigen verbreiterten Form im Zuge des Touristikbooms in den sechziger Jahren. Sie führt vom Handelshafen durch die ganze Bucht am Fischerei- und Jachthafen vorbei bis zur Mole, an der die Kreuzfahrt- und Fährschiffe anlegen. In Höhe der Kathedrale, auf die man hier einen besonders schönen Blick hat, lädt der Parc de la Mar zu einer Ruhepause ein. Nicht weit entfernt findet man das vielleicht beste Fischrestaurant der Stadt, an dem erstaunlicherweise viele Touristen vorbeigehen und das mittags wie abends von Bürgern der Stadt stark frequentiert wird (Vorbestellung!): La Lubina

RANDNOTIZEN

Ein teurer Strauß Nelken
Sie tauchen bei den großen Sehenswürdigkeiten auf, am liebsten vor der Kathedrale, ganz so als wollten sie sagen, sie gingen mit Gottes Segen. Dabei sind sie eher des Teufels, die Nelkenfrauen. Strahlend treten sie mit einem Strauß frischer Nelken im Arm auf ahnungslose Touristen zu, verwickeln sie in ein intensives Verkaufsgespräch und ziehen nach vergeblichem Geschacher ab – mit einem Achselzucken und einem Lächeln auf den Lippen, wenn sie in ganz anderer Hinsicht erfolgreich waren. Die Nelkenfrauen ziehen den freundlich auf sie eingehenden Touristen während des kurzen Palavers nämlich mit ziemlichem Geschick Geldbörsen aus den Taschen.

Der Königspalast Almudaina – links im Bild – und die Kathedrale La Seo lagen zur Zeit der aragonischen Könige noch direkt am Meer. Als Palma dann davor den Parc de la Mar aufschütten ließ, entstand zwischen Insel und Park ein kleiner See, an dem Touristen und Einheimische einträchtig nebeneinander die mittägliche Siesta in der Sonne halten können (links).

An der Mauer des Almudaina-Palastes warten Kutscher auf ihre Kunden (unten).

(Muelle Viejo, Tel. 723350). Nur einen Kai weiter gibt es jede Menge öffentlicher Parkplätze, auf denen man sein Auto stundenlang abstellen kann, was man auch für den Besuch der Altstadt nutzen sollte. Vergessen Sie nicht, einen Parkschein zu ziehen und gut sichtbar hinter der Windschutzscheibe zu deponieren. In der Mitte des Paseo Marítimo, der dort Avenida del Ingeniero Roca heißt, stehen große Hotels. Rund um die dahinter liegende Plaza Gomila findet Palmas Nachtleben statt.

Plaza España. Auf diesen Platz laufen die Straßen Palmas zu. In seiner Mitte steht ein Denkmal von König Jaime I., das ständig Hunderte von Tauben umschwärmen. Die Cafés um den Platz herum sind beliebte Treffpunkte der Einheimischen. Außerdem befindet

Die Spitzenklöpplerin widmet sich ihrem traditionsreichen Handwerk nicht nur, weil sie ein gutes Motiv für Touristen abgeben möchte. Spitzen-Ware zählt zu den beliebten Souvenirs, die man sich von der Insel mitbringen kann (rechts).

Internationale Popgruppen und Sänger treten regelmäßig im Varieté Son Amar auf (unten).

Das Café Lírico ist besonders am Abend ein beliebter Treffpunkt für Palmas Jugend (oben).

Im Jugendstil-Bäckerladen Forn des Teatre gibt es das wunderbar schmeckende, »ensaimadas« genannte ausgebackene Blätterteiggebäck (rechts).

sich hier ein Kiosk der Touristeninformation. An diesem Verkehrsknotenpunkt liegen auch noch der zentrale Busbahnhof Mallorcas sowie die Bahnhöfe für die beiden einzigen Züge Mallorcas nach Sóller und Inca. Gleich neben die Plaza España haben alle großen Banken ihre Zentralen gesetzt. Auch die Deutsche Bank auf Mallorca residiert hier.

Pueblo Español. Das, wie es übersetzt heißt, »spanische Dorf« findet man im Westen der Stadt, in der Calle Pueblo Español 39 (geöffnet tägl. 10–18 Uhr, Eintritt: 350 ptas). Es zeigt in Nachbildungen über 90 Baudenkmäler Spaniens und bietet so einen Streifzug durch die spanische

Bau- und Architekturgeschichte. Man geht durch richtige Gassen, über richtige Plätze an richtigen Palästen, Kirchen und Häusern vorbei, für die als Baumaterial richtige Steine und richtiges Holz benutzt wurden. Es gibt Restaurants, Läden mit spanischem Kunsthandwerk und Kioske mit Souvenirs.

San Francisco. Die gotische Kirche, deren Bau 1281 begonnen wurde, gilt neben der Kathedrale als zweitwichtigstes religiöses Bauwerk der Stadt. In einer Kapelle links hinter dem Hauptaltar befindet sich das alabasterfarbene Grabmal des Missionars, Philosophs, Dichters, Kirchenlehrers und Inselheiligen Ramón Llul (1235 bis 1315), der die katalanische Sprache auf Mallorca zur Literatur- und Schriftsprache erhob (geöffnet tägl. außer So. 9.30–13 und 15.30–19 Uhr, Sa. nur vormittags). Vor der Kirche erinnert ein Denkmal an den mallorquinischen Franziskanermönch Fray Junipero Serra (1714–1784), der Kalifornien missionierte.

RANDNOTIZEN

Die kleine Sünde zwischendurch
Als Stärkung während des Flanierens durch Mallorca sind sie ideal, die Zwischendurch-Häppchen, die die Spanier »tapas« nennen. Das heißt auf deutsch eigentlich »Deckel« und weist darauf hin, daß es sich ursprünglich um eine winzige Mahlzeit handelte, die man auf einem das Glas abdeckenden Tellerchen zum Wein servierte. Viele Spanier nehmen die »tapas« als zweites Frühstück, und manche Touristen ersetzen mit ihnen aus Kosten- oder Schlankheitsgründen das Mittagessen. Wer sich nicht auskennt, kann »tapas variadas« bestellen, das vier oder fünf verschiedene Miniportionen umfaßt. Beliebte »tapas« sind »albondigas«, gekochte Hackfleischbällchen, »boquerones«, fritierte Kleinfische, die man mit Kopf und Gräte ißt, »chipirónes«, fritierte Tintenfischchen, »rinones«, gebratene Nierchen, und »callos«, gekochte Kutteln.

Wer nach San Francisco und La Seo noch nicht genug von Religiosität hat, kann noch ins Museo Diocesano, das bischöfliche Museum in der Calle del Mirador 7 schauen (geöffnet tägl. außer So. 10–13 und 15–20 Uhr, Eintritt: 250 ptas). Man zeigt spanisch-arabische Metallgefäße, eine kostbare Tellersammlung, mittelalterliche Madonnenfiguren sowie gotische Malerei aus dem 14. und 15. Jahrhundert.

Es ist geschafft! Jetzt haben Sie Palma de Mallorca im Griff! Für diese tolle, vibrierende Stadt sollten Sie sich bei Ihrem Ferienaufenthalt auf Mallorca mindestens einen ganzen, besser noch zwei oder drei Tage und – bei Erlebnishunger – auch die entsprechenden Abende Zeit nehmen. Die Mallorquiner, die sie einfach »La Cuitat«, die Hauptstadt, nennen, halten Palma für die schönste Stadt der Welt. Das ist selbstverständlich übertrieben und gilt ganz bestimmt nicht für einige zwielichtige Viertel wie das Barrio Chino, in denen man große Probleme mit der Drogenkriminalität hat und die man als Urlauber deshalb möglichst meiden sollte. Aber andererseits kommt man in Mallorcas Metropole, die diesen Namen mit ihrer frischen Lebendigkeit wirklich verdient, immer wieder ins Schwärmen wie seinerzeit der große Komponist Frédéric Chopin, der einem Freund von hier schrieb: »Ich liege hier in Palma unter Palmen, Zedern, Aloen, Orangen- und Zitronen-, Feigen- und Granatbäumen. Der Himmel ist türkis, das Meer azurblau, die Berge smaragdfarben... Kurzum ein herrliches Leben.«

Der palmenumstandene Paseo de Sagrera verläuft unterhalb der Kathedrale parallel zum Paseo Marítimo. Die einladende Schlenderallee endet am Consulado del Mar, dem heutigen Regierungssitz des Ministerpräsidenten der Balearen.

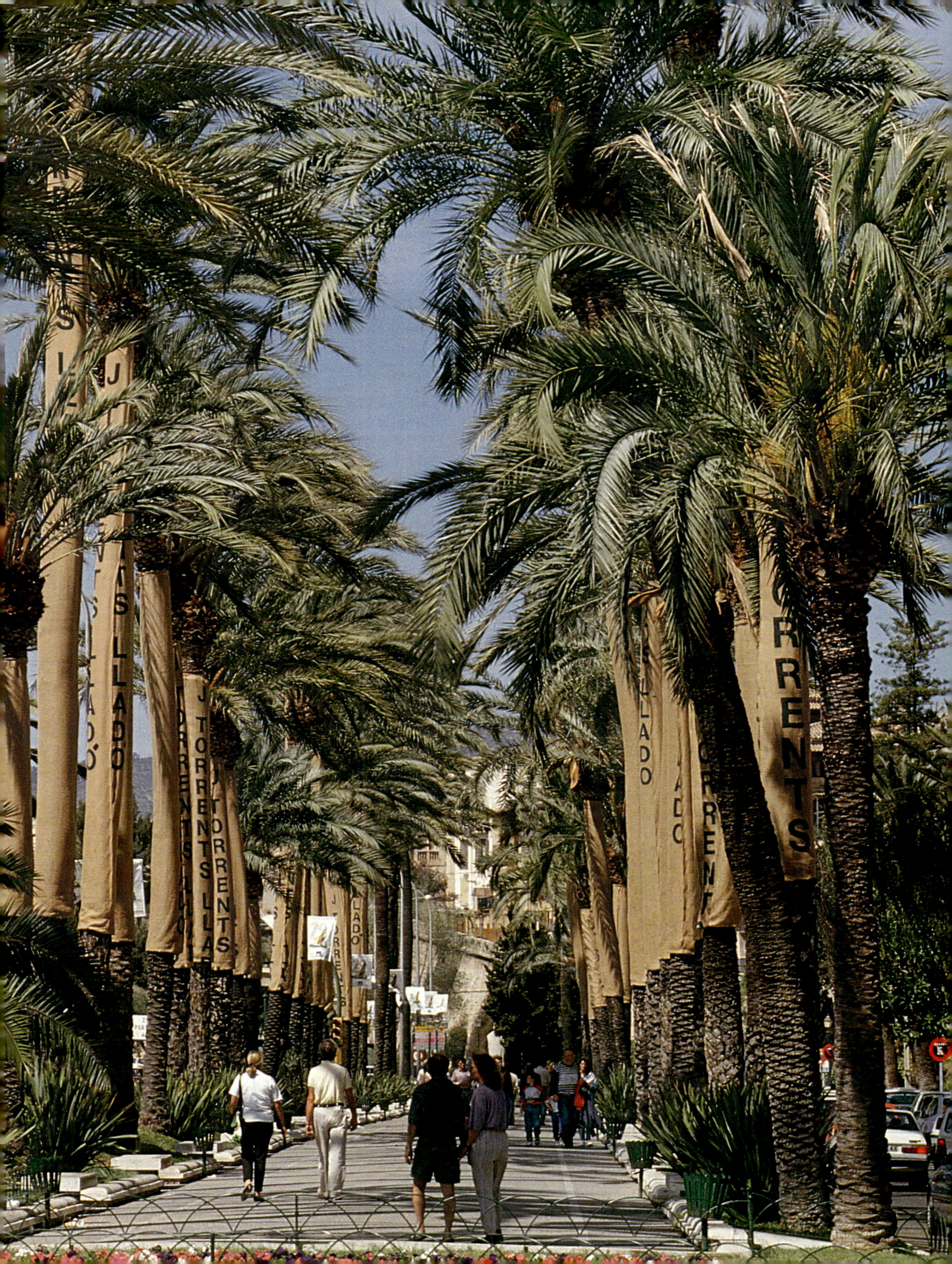
J TORRENTS
LLADO

Aus dem einst verschwiegenen Piratenhafen Puerto de Andraitx ist längst ein viel besuchter Touristenhafen geworden. Allerdings hat sich die Mole, an der die Fischerboote anlegen, einen gewissen Charme bewahrt, auch wenn die Straßencafés hier während der Sommersaison stets gefüllt sind (oben).

Sangria ist ein Weingetränk mit frischer Zitrusfrucht (rechts).

Spaniens Klassiker, die »paella«, steht auf den Speisekarten der meisten Restaurants auf Mallorca. Sie wird in einer runden Pfanne zubereitet. Die Größe ist von der Anzahl der mitessenden Personen abhängig. Die Zutaten variieren, bestehen aber meistens aus Huhn, Schinken, Schweinefleisch, Erbsen, Muscheln, anderen Meerestieren und selbstverständlich Safran (links).

Urlaubs- erinnerungen – Traditionen und Kunsthandwerk

Es muß kein Souvenirkitsch sein, den man sich als Andenken von der Insel mitnimmt. Die Menschen auf Mallorca haben sich alter Traditionen und Handwerke besonnen, mit denen sie schöne Dinge produzieren, die auch praktisch sind

Viele Reisende möchten als Erinnerung an ihren Mallorca-Urlaub irgendein typisches Andenken mit nach Hause nehmen. Keine Frage, jeder pflegt seine Erinnerungen mit einem anderen Geschmack. Der Hinweis sei jedoch erlaubt, daß viele Händler, besonders die von Strand zu Strand fliegenden, ziemlichen Schund anbieten, der schon bei näherem Hin-

Auf dem Wochenmarkt von Sineu, auf dem auch lebende Tiere verkauft werden, gibt es mallorquinische Keramik (oben).

Vor dem Rathaus von Lluchmayor, das wegen eines nahen Waldhügels vom lateinischen Begriff für »großer Wald« abgeleitet ist, wachen zwei Puppen (rechts).

Frische Blumen sind ebenfalls als sinnvolle Mitbringsel geeignet. Besonders beliebt sind die vogelkopfähnlichen Strelitzien (links).

sehen auseinanderfällt. Zeigen möchten wir an dieser Stelle aber, daß sich dort der Souvenireinkauf lohnt, wo sich die Mallorquiner wieder handwerklicher Traditionen besonnen haben.

Beginnen wir mit Klöppeln und Sticken. Die Handarbeit, noch bis zum Ende des letzten Jahrhunderts nur

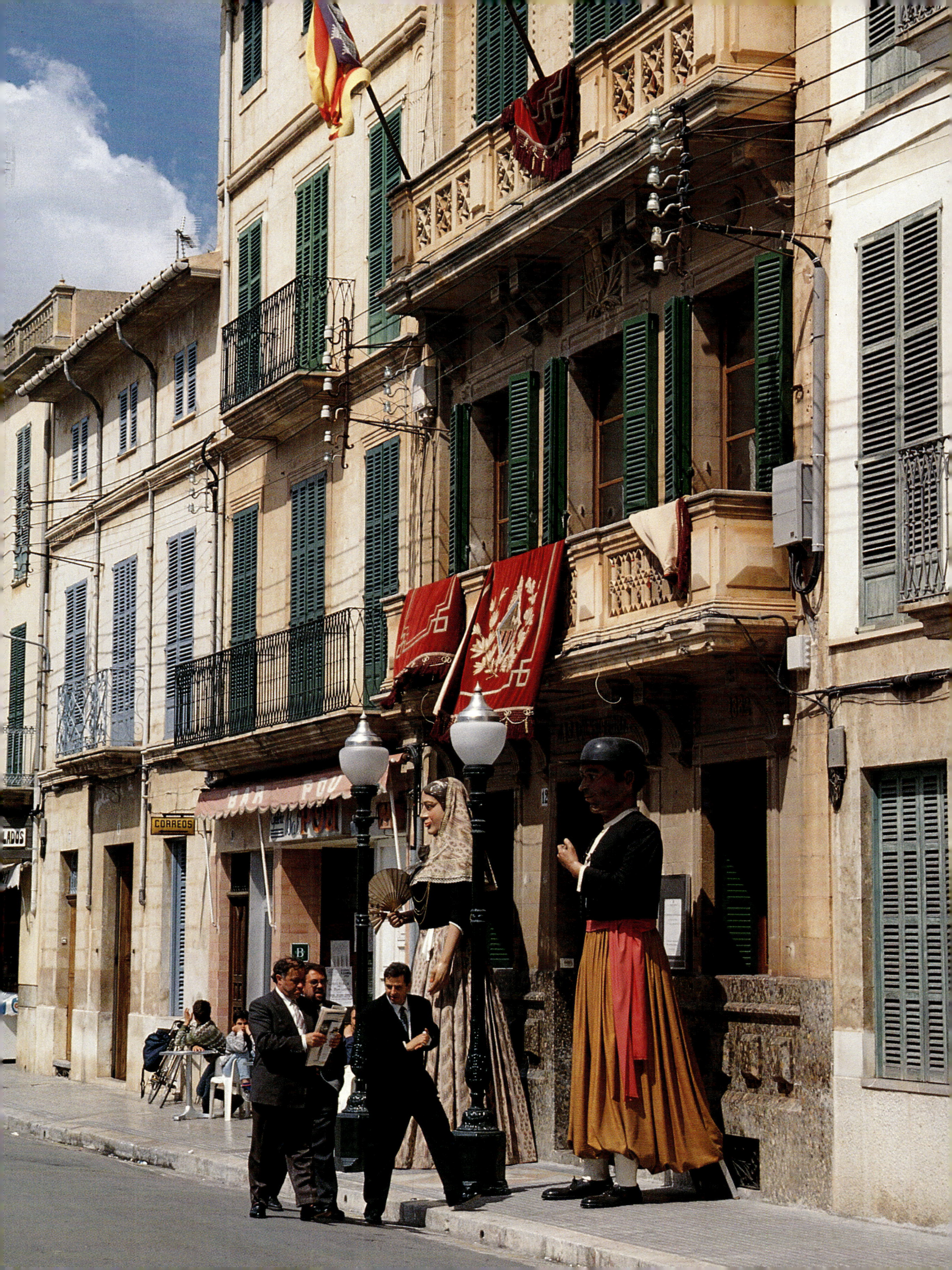
CORREOS

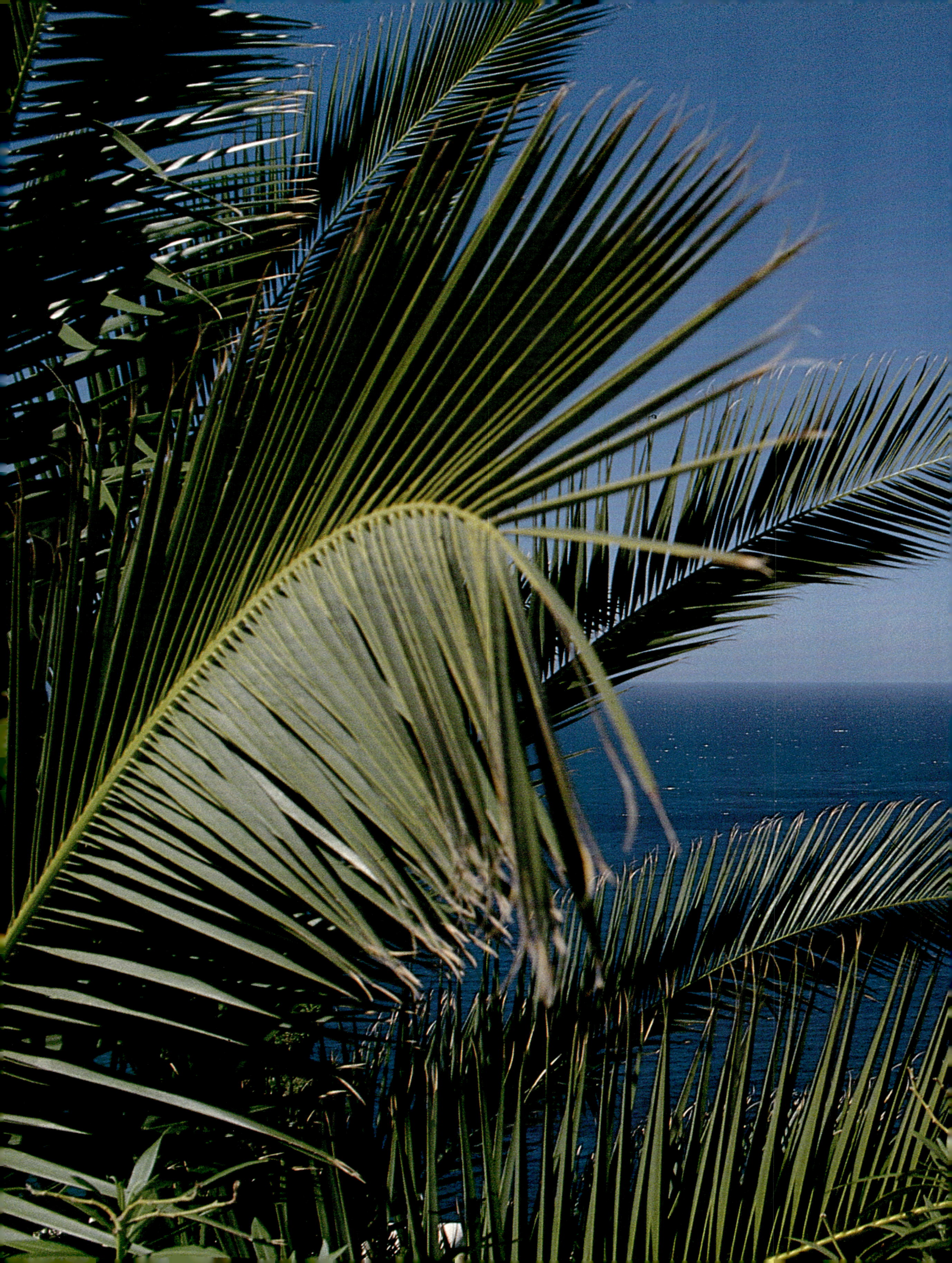

Das Cap de la Mola bietet bei klarem Wetter herrliche Ausblicke. Es liegt hinter dem Hafen von Puerto de Andraitx, der etwa drei Kilometer entfernt ist. Am Hang hinauf zum Kap gibt es einen Wehrturm aus dem 15. Jahrhundert.

RANDNOTIZEN

Auf Märkten einkaufen
Mallorcas Wochenmärkte boomen. Man deckt sich mit frischem Obst und Gemüse ein oder kauft an Handwerkerständen praktische Souvenirs. Die Wochenmärkte werden vormittags abgehalten. Die Tage der Woche und ihre Märkte auf Mallorca – ein Überblick!
Montag: Calviá
Dienstag: Alcúdia, C'an Picafort, Porreres, Santa Margalida
Mittwoch: Andraitx, Capdepera, Lluchmayor, Puerto de Pollensa, Santanyi, Sineu (der beste!), Villafranca
Donnerstag: El Arenal, Campos, C'an Pastilla, San Lorenzo
Freitag: Algaida, Binissalem, Lluchmayor, Maria de la Salud, Santanyi, Son Servera
Samstag: Campos, Santa Margalida, Sóller
Sonntag: Alcúdia, Cala Ratjada, Felanitx, Inca, Lluchmayor, Manacor, Sa Pobla, Pollensa, Santa María del Camí, Valldemossa

von Männern ausgeübt, ist heute eine Domäne der Frauen, die allerdings leider hauptsächlich für sich und ihre Familie arbeiten. Trotzdem findet man auf den diversen Wochenmärkten auch Angebote. Das schönste allerdings führt die Casa Bonet in Palma (Plaza Frederico Chopin 2) vor. Im hinteren Teil des Ladens gibt es sogar ein kleines Stickereimuseum (geöffnet Mo.–Fr. 9.45–13.30 und 16.30–20 Uhr). Preiswert allerdings ist Handarbeit nie.

Ebenfalls eine alte Handwerkstugend ist das Glasblasen, das schon die alten Phönizier mit nach Mallorca brachten. In den Werkstätten ist das Zuschauen bei der Arbeit ausdrücklich erlaubt (meist geöffnet werktags 9–19 Uhr). Und beim anschließenden Kauf entscheidet der Kunde schließlich selber, ob er einen

kitschigen Zierfisch oder ein formschönes Glas kauft. Vidrierías, wie die Glasbläser-Werkstätten heißen, sind La Gordiola an der Carretera Palma–Manacor bei Kilometer 14 nahe Algaida, Lafiore an der Carretera Palma–Valldemossa bei S'Esglaieta und La Menestralía an der Carretera Palma–Alcúdia bei Campanet.
Alfareros heißen die Töpfer und Keramiker, die überall auf der Insel sitzen

Mallorcas Stickereien stellen auch wieder »rebosillos« per Hand her, die hauchzarte Kopfbedeckung der mallorquinischen Frauentracht (links).

Unter den Kapuzen stecken freundliche Gesichter. Sie werden bei den jährlichen Karfreitagsprozessionen in der »semana santa«, der Woche vor Ostern, getragen. Die aufregendste findet in Artá statt (rechts).

Das Kloster Lluch ist der bedeutendste mallorquinische Wallfahrtsort (unten).

Die Bucht La Calobra nördlich von Sóller, die man nur über eine steile, kurvenreiche Straße erreicht, ist ein beliebtes Ziel für Segler aus aller Welt (oben).

Eine Führung durch die Höhlen Cuevas de Artá dauert eine Stunde. Der 400 Meter lange Weg führt an Licht- und Tonspielen vorbei (rechts).

Wind und Wetter haben die Gesichter der alten Mallorquiner gegerbt (links).

und ihre Waren gern auf die Wochenmärkte geben. Besonders oft werden die Ollas und Greixoneras gekauft. Das sind die bauchigen oder flachen Tongefäße, in denen man so typisch mallorquinische Speisen wie »Arroz brut« oder »Sopa mallorquinas« zubereitet und serviert. Allerdings ist Vorsicht geboten, da die Farben, die die Töpfer zum Beizen der Schalen benutzen, Blei enthalten. Deshalb sollten die

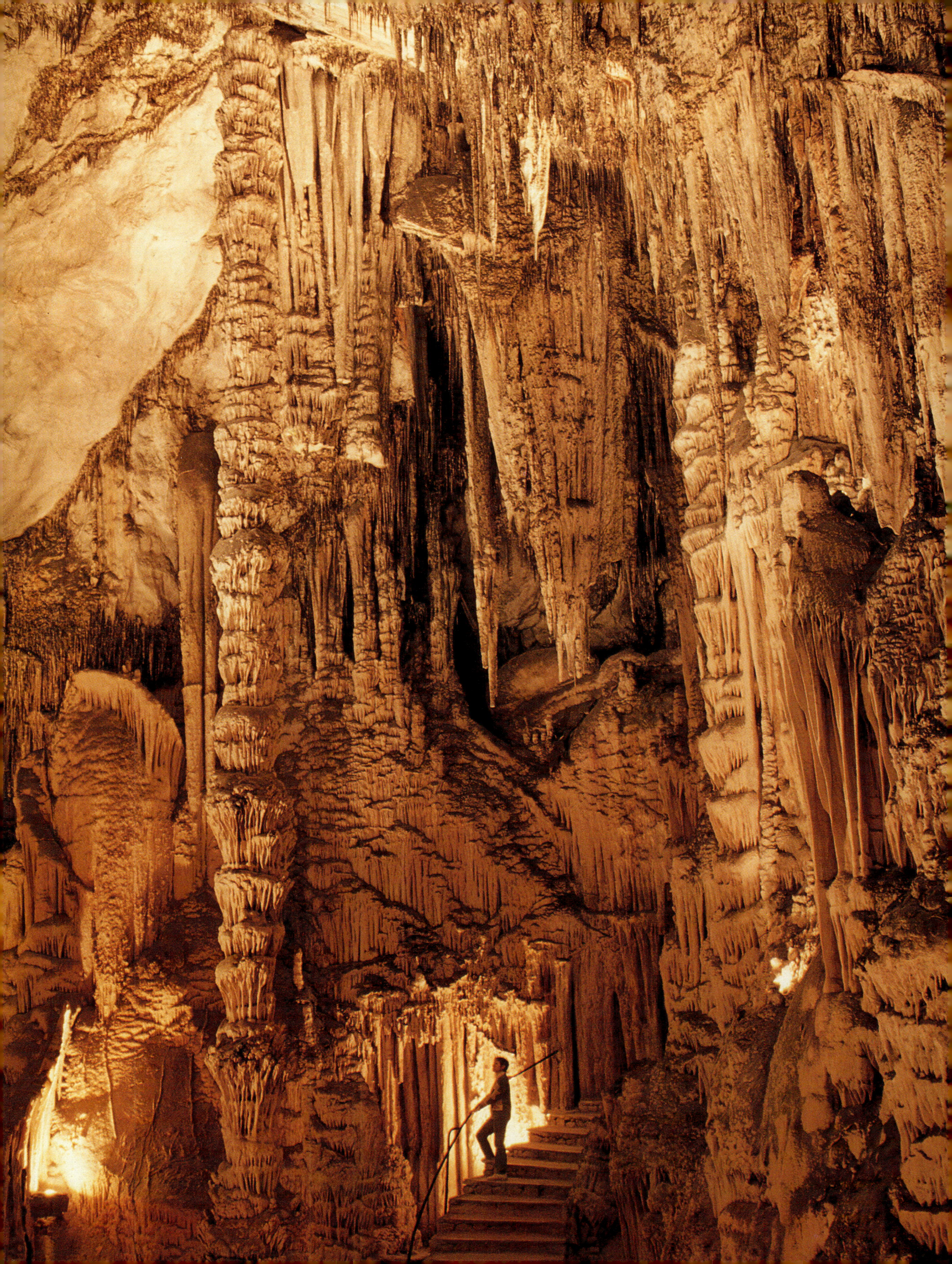

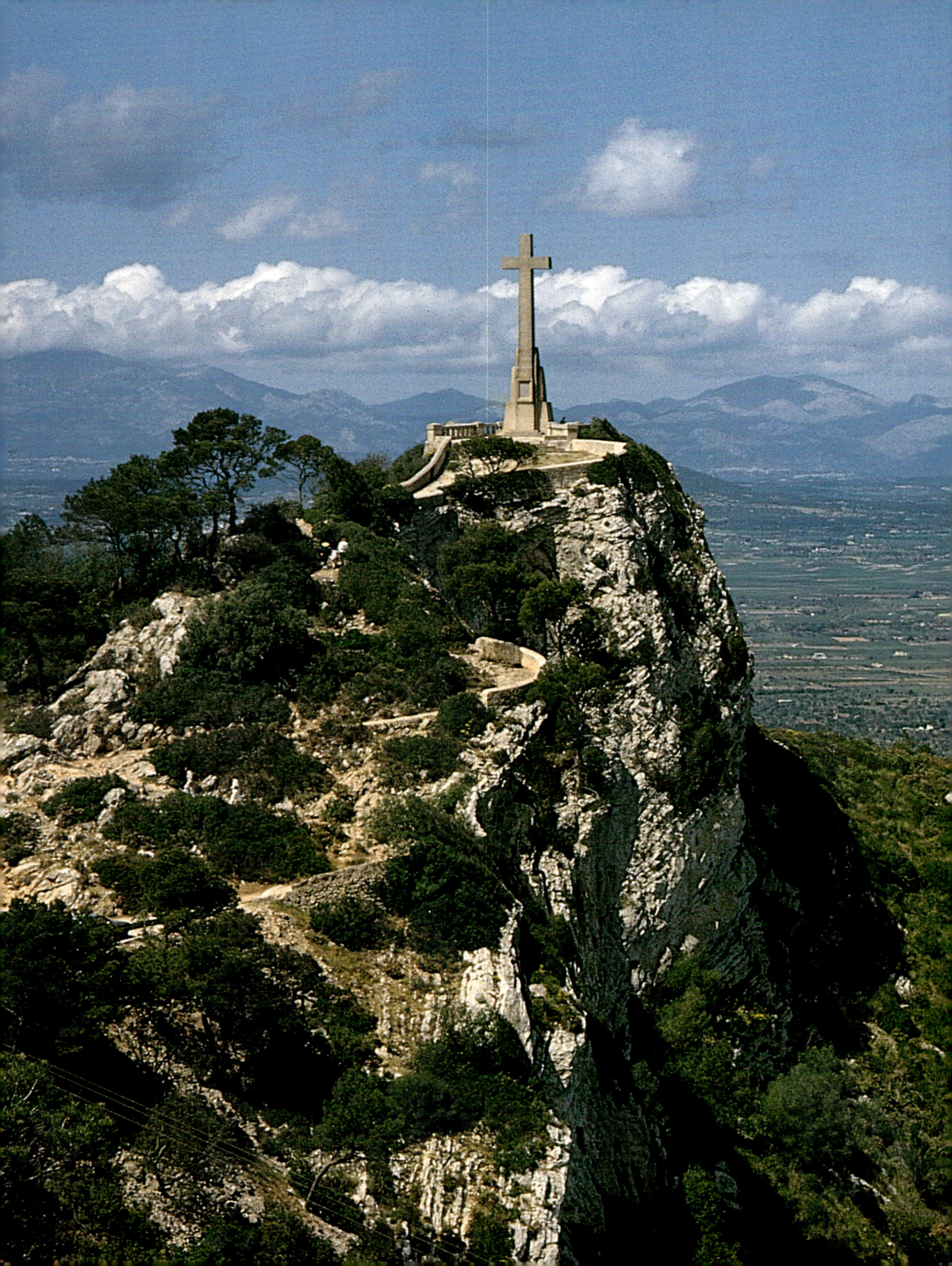

WISSENSWERTES ÜBER LAND UND LEUTE

Die Liebe zu den Madonnen

»Weil es die Madonna so wollte«, ist fast so etwas wie ein geflügeltes Wort auf Mallorca. Man benutzt es in allen Familien als Trost, aber auch als Ermahnung, wenn man einen Zustand kommentieren will, der nicht mehr zu ändern ist oder der einfach durchgesetzt werden soll. Weil es die Madonna so wollte! Das weist aber auch auf die tiefe Religiosität hin, die die meisten Mallorquiner bewegt. Es ist die ewige Liebe zur Mutter Gottes. Sie läßt sie seit dem 4. Jahrhundert ihre Marienfeste feiern; ihr widmeten sie die meisten Kirchen mit Namen wie »Nuestra Señora«. Man strickt in diesem Zusammenhang gern auch an Legenden und beruft sich auf Überlieferungen, wonach irgend jemand, meistens ein Kind, irgendwo in Ortsnähe eine Madonnenfigur gefunden hätte, die fortan den Altarraum schmückte.

Wie tief religiös die in der Mehrzahl katholischen Mallorquiner sind, zeigen auch die __Wallfahrten__, die sie jährlich veranstalten – ein Überblick!

__Ostermontag:__ zur Ermita de Nuestra Señora del Puig bei Pollensa

__Osterdienstag:__ zum Heiligtum San Miguel bei den Campanet-Höhlen und zur Ermita de Nuestra Señora de Bonany bei Petra

__Sonntag nach Ostern:__ zur Ermita de Nuestra Señora del Refugi auf dem Burgberg von Alaró

__Sonntag nach Ostern:__ zum Santuario de Montissión bei Porreres

__12. April:__ zur Ermita de Nuestra Señora de Gracia auf dem Randaberg (von Lluchmayor aus)

__Letzter Sonntag im April:__ zum selben Ziel (von Algaida aus)

__2. Juli:__ zur Ermita de la Victoria bei Alcúdia

Gefäße vor dem Benutzen mit einer dünnen Gemüsebrühe ausgekocht werden, die dann weggegossen wird, weil sie die giftigen Bleirückstände aufgesaugt hat. Alte Werkstätten, die man auch besichtigen darf, findet man in den Dörfern La Cabaneta und Pórtol rechtsab der Carretera Palma–Alcúdia bei Kilometer 14 (Ausfahrt Marratxi-La Cabaneta). In La Cabaneta gibt es oberhalb des Dorfes in der Nähe eines alten Mühlturmes gleich mehrere kleine Keramikwerkstätten, die auch andere Dinge wie Vasen und Teller herstellen.

Santa Maria del Cami heißt der Ort direkt an der Durchgangsstraße Palma–Inca, in dem Guillemo Bujosa III. seine Weberei hat und handgewebte Ikat-Stoffe herstellt, die es so nur auf Mallorca gibt. Auf fünf Webstühlen weben Bujosas Mitarbeiter auf Seiden-, Leinen- und Baumwollstoffen in Gelb, Grün oder Azurblau die Ikat-Zungenmuster mit ihrem typischen Farbverlauf ein. Die entstehen durch Färbung des Kettenfadens in bestimmten Farben.

Wer sich nicht beim Handwerk mit einem Andenken versorgen möchte, schaut vielleicht zu den Bauern. Auch wenn diese Souvenirs wegen des Verzehrs vergänglicher sind, machen sie doch als Mitbringsel großen Eindruck: eingelegte Kapern, selbstgepflückte Lorbeerblätter und Safran, den besten der Welt, als Gewürz, frische Zitrusfrüchte direkt vom Baum oder Mandeln aus neuer Ernte, einen mallorquinischen Käse, der sich Wochen hält, zum Trinken eine Flasche mallorquinischen Weins oder den Kräuterschnaps Hierbas secas – der Garten Mallorcas empfiehlt sein Angebot. Die Düfte, die solche Souvenirs mit in die Heimat tragen, machen Lust darauf, dem Kleinod im Mittelmeer schon recht bald wieder einen Besuch abzustatten. Sagen wir: »¡Hasta pronto!« Auf bald!

Die Auffahrt zum Santuario San Salvador mit dem mächtigen Steinkreuz im Osten der Insel ist kurvenreich, was die Mönche in ihrer selbstgewählten Einsamkeit einst schätzten.

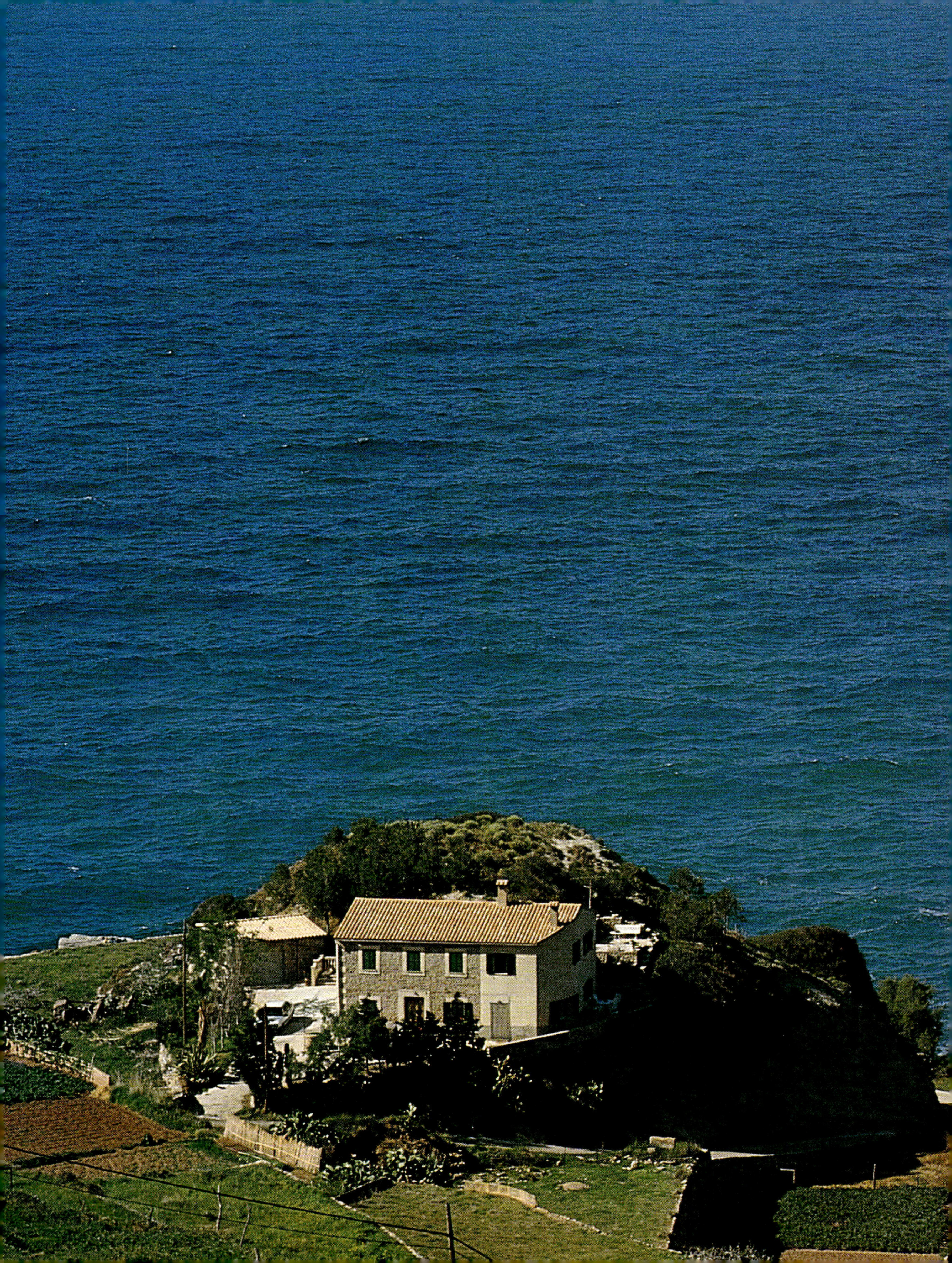

Von Banyalbufar, das vom arabischen »buniola al bahar« (kleiner Weingarten am Meer) abgeleitet ist, am Ende zauberhafter Terrassengärten mit Weinstöcken hat man einen herrlichen Ausblick auf das westliche Mittelmeer.

Mallorca von A-Z

Auskunft

In Deutschland:
Spanisches Fremdenverkehrsamt
Myliusstraße 14 / Postfach 170547
60323 Frankfurt/Main
Tel.: 069/725084 und 173617
Fax: 069/725313

Spanisches Fremdenverkehrsamt
Postfach 151940
80051 München
Tel.: 089/5389075
Fax: 089/5328680

Spanisches Fremdenverkehrsamt
Grafenberger Allee 100 (Kutscherhaus)
40237 Düsseldorf
Tel.: 0211/6803982
Fax: 0211/6803985 und 6803986

Spanisches Fremdenverkehrsamt
Kurfürstendamm 180
10707 Berlin
Tel.: 030/8826541
Fax: 030/8826661

Spanisches Fremdenverkehrsamt
Herbert-Weichmann-Straße 43
22085 Hamburg
Tel. und Fax: 040/2277163

In Österreich:
Spanisches Fremdenverkehrsamt
Rotenturmstraße 27
1010 Wien
Tel.: 1/5353191 und 5331425
Fax: 1/5338804

In der Schweiz:
Spanisches Fremdenverkehrsamt
Seefeldstraße 19
8008 Zürich
Tel.: 1/2527931
Fax: 1/2526204

Office national espagnol du tourisme
40, boulevard Helvetique
67, rue du Rhone
1207 Genève
Tel.: 022/7359594
Fax: 022/7368766

Auf Mallorca:
Oficina de Información y Turismo (O.I.T)
Palma
Avenida Jaime III. 10
Tel.: 712216
Calle Santo Domingo 11
Tel.: 724090
Plaza España (Kiosk)
Tel.: 711527
Öffnungszeiten: Mo.–Sa. 9–20 Uhr

Foment del Turisme de Mallorca
Calle Constitución 1
Tel.: 725396
Öffnungszeiten: Mo.–Fr. 9–13 u. 16–19 Uhr

Banken

In allen größeren Ortschaften findet man Zweigstellen von Banken und der Sparkasse (»Sa Nostra«). Ortsbedingt können die Öffnungszeiten variieren, doch in der Regel sind die Schalter zum Geldwechseln und Einlösen von Eurocheques Mo.–Fr. 9–14 Uhr geöffnet. Die Währungseinheit ist die Peseta. Auf einen Eurocheque bekommt man 30000 Pesetas (Währungsabkürzung beim Ausfüllen: ptas). Achtung: Viele Hotels nehmen beim Geldwechselgeschäft deutlich höhere Gebühren als die Banken bzw. Sparkassen. Nach Spanien einführen darf man 150000 ptas (wieder ausführen: 100000 ptas) und Devisen in Fremdwährung in unbegrenzter Höhe.

Bevölkerung

Auf Mallorca leben ca. 620000 Mallorquiner (und nach offiziellen Schätzungen noch einmal 90000 Ausländer mit festem Wohnsitz). Da die Historie der Insel immer auch eine Geschichte der Eroberungen war, haben die Mallorquiner im Laufe der Jahrhunderte eine gewisse Distanz gegenüber Fremden antrainiert, die man selbstverständlich in den Touristenzentren weniger spürt als in den kleinen Dörfern des Inselinneren. Wer sich als Besucher den Einheimischen allerdings mit einer offenen Höflichkeit nähert, der kann Freunde fürs Leben gewinnen – zumal, wenn er den Mallorquinern nicht mit Überheblichkeit kommt und wie selbstverständlich davon ausgeht, daß jedermann auf Mallorca der deutschen Sprache mächtig sein muß.

Busfahren

Auf Mallorca gibt es ein ausgedehntes Netz von Linienbusverbindungen, das die Hauptstadt Palma in regelmäßigen Abständen mehrmals täglich mit den touristischen Zentren verbindet. Der zentrale Omnibus-Bahnhof von Palma befindet sich an der Plaza España, wo man auch detaillierte Fahrpläne für alle Routen bekommt.

Camping

Auf Mallorca ist wildes Zelten verboten. Da in vielen Fällen die Übernachtung in den Hotels durch die Pauschalangebote preiswerter ist als Camping, gibt es nur zwei Zeltplätze. Sie liegen beide im nordöstlichen Teil der Bucht von Alcúdia. Es sind Camping-Caravaning Platja Blava Muro in der Nähe eines Vogelschutzreservats und Camping Club Colonia de San Pedro mit einer Freiluftdiskothek.

Diplomatische Vertretungen

In Palma:
Vizekonsulat der Bundesrepublik Deutschland
Passeo del Borne 15
Tel.: 722997 und 722371
Öffnungszeiten: Mo.–Fr. 9–12 Uhr

Vizekonsulat der Republik Österreich
Plaza de l'Olivar 7
Tel.: 723733
Öffnungszeiten: Mo.–Fr. 10–13 Uhr

Vizekonsulat der Schweiz
Passeo del Mallorca 24
Tel.: 712520
Öffnungszeiten: Mo.–Fr. 9–13 Uhr

Einreisebestimmungen

Offiziell werden nach der Öffnung der Grenzen in Europa bei der Ankunft am Flughafen in Palma bei Reisenden aus Deutschland und Österreich weder Personalausweis noch Reisepaß kontrolliert. Trotzdem sollte man eines von beiden dabei haben, weil es ja auch während des Aufenthalts Situationen geben könnte, in denen man sich ausweisen muß. Die behördliche Anmeldung für Ferienreisende übernehmen die Hotels und Pensionen. Wer länger als drei Monate auf der Insel bleibt, muß sich bei der Polizei anmelden.

Eisenbahn

Auf Mallorca gibt es zwei Eisenbahnstrecken, um deren Rentabilität jedes Jahr neu gestritten wird, weshalb man keine verbindlichen Aussagen über Fahrtakt und -plan machen kann. Die Ferrocarril de Mallorca fährt die 20 Kilometer von Palma (Bahnhof: Plaza España) nach Inca in 35 Minuten. Die Ferrocarril Eléctrico de Sóller, auch »Roter Blitz« genannt, braucht für die 28 Kilometer von Palma (Bahnhof: Calle Eusebio Estado neben der Plaza España) über Bunyola durch insgesamt 13 Tunnel nach Sóller 55 Minuten. Die Fahrt ist

Finca mit Ferienwohnungen

wegen der landschaftlichen Ausblicke besonders reizvoll.

Feiertage
Auf Mallorca kennt man zwölf gesetzliche Feiertage, an denen das Geschäftsleben (außer an den Strandpromenaden der Touristenzentren) ruht:

1. Januar: *Ano Nuevo* (Neujahrstag)
6. Januar: *Los Reyes Magos* (Tag der Heiligen Drei Könige)
1. Mai: *Día del Trabajo* (Tag der Arbeit)
29. Juni: *San Pedro y San Paulo* (Peter-und-Paul-Tag)
25. Juli: *Santiago* (Tag des heiligen Jakobus)
15. August: *Asunción* (Mariä Himmelfahrt)
12. Oktober: *Día de la Hispanidad* (Nationalfeiertag)
1. November: *Todos los Santos* (Allerheiligen)
8. Dezember: *Concepción* (Mariä Empfängnis)
25. Dezember: *Navidad* (Weihnachten)

Bewegliche gesetzliche und damit auch arbeitsfreie Tage sind *Viernes Santo* (Karfreitag) im März oder April und *Corpus Christi* (Fronleichnamstag) im Juni. Hinzu kommen in den einzelnen Gemeinden die Patronatsfeste, auf denen der Namenstag des jeweiligen Schutzheiligen gefeiert wird. Ein besonders festlicher Höhepunkt auf Mallorca ist die Volkswallfahrt »Marxa des Güell a Lluc a peu« am Sonntag der letzten Juliwoche. Bis zu 50 000 Menschen legen dann den 48 Kilometer langen Weg von Palma zum Kloster Lluch zu Fuß zurück.

FKK
Einer der schönsten Strände der Insel, Es Trenc, hat zwischen La Rápita und Colonia St. Jordi auch einen offiziell zugelassenen FKK-Badeplatz. Ansonsten dürfen Damen längst überall auf der Insel oben ohne baden.

Flohmarkt
Der Flohmarkt von Palma findet jeden Samstag von 8 bis 14 Uhr an den Avingudas, dem östlichen Alleenring der Stadt, statt. Es ist Vorsicht geboten, da sich nicht nur unter den Händlern, meist Zigeuner und Afrikaner, manch zwielichtige Menschen befinden. Auch das Rotlichtviertel Barrio Chino liegt ganz in der Nähe.

Fotografieren
Auf Mallorca gibt es Fotoläden, die einen Farbnegativfilm in 24 Stunden entwickeln und Abzüge machen. Sie sind durch ein deutlich sichtbares gelbes Schild mit schwarzer Kamera gekennzeichnet.

Fundbüro
Ein zentrales Fundbüro für die Insel gibt es im Rathaus von Palma: Ajuntament, Plaza Cort, Tel. 727744, Öffnungszeiten: tägl. außer So. 9–13 Uhr.

Geschäftszeiten
Da es in Spanien kein Ladenschlußgesetz gibt, variieren die Öffnungszeiten der Geschäfte sehr. Gerade in den kleinen Dörfern haben die Geschäftsleute ihren Angebotsrhythmus den örtlichen Gegebenheiten angepaßt, was meistens bedeutet, daß die Läden besonders am Abend länger geöffnet haben. In den größeren Orten und in Palma selbstverständlich kann man davon ausgehen, daß die Geschäfte werktags 9.30–13.30 und 16.30–20 Uhr, am Samstag mindestens bis Mittag, oft aber auch wieder am Nachmittag geöffnet haben. Der mittäglichen Siesta, die in südlichen Ländern üblich ist, schließen sich auch die meisten Behörden an. Kaufhäuser und Verbrauchermärkte (»Gigante«, »Al Campo«) verkaufen durchgehend 10–21 Uhr. Die Restaurants servieren in der Regel von 12 bis 15 und von 20 bis 23 Uhr. Diskotheken öffnen um 21 Uhr, Nachtklubs um 22 Uhr.

Jugendherberge
Sechs Kilometer außerhalb von Palma in Richtung Arenal (mit den Linienbussen 5 und 15 zu erreichen) befindet sich die Jugendherberge Playa de Palma (Calle Costa Brava 13, Tel. 260892), bei der man auch außerhalb der Hauptreisezeiten seinen Platz unbedingt vorher telefonisch reservieren muß.

Kirche
Deutschsprachige Gottesdienste gibt es für Katholiken in Paguera (So. 9.30 Uhr, Pfarrkirche) und Playa de Palma (So. 11 Uhr) und für die Menschen evangelischen Glaubens in Playa de Palma (So. 9.15 Uhr, Pfarrkirche am Riu-Center), in Paguera (So. 16.30 Uhr, Pfarrkirche), Cala Millor (Mi. 16 Uhr, Pfarrkirche) und Cala Murada (1. Mi. im Monat 11 Uhr, Pfarrkirche).

WISSENSWERTES ÜBER LAND UND LEUTE

Leben auf dem Lande
Immer mehr in Mode kommt der Finca-Urlaub auf Mallorca. Unter »Finca« versteht man auf der Insel eigentlich ein landwirtschaftlich genutztes Grundstück. Inzwischen steht das Wort aber als Synonym für ein oft einsam gelegenes Bauernhaus. Verschiedene Formen von Urlaub in einer Finca sind möglich. Das reicht vom einfachen Aufenthalt für Selbstversorger bis zu noblen Ferien in luxuriös eingerichteten Landhäusern. Reiseveranstalter haben so etwas schon in ihrem Angebot. Man kann sich aber auch direkt bei der Organisation der mallorquinischen Finca-Besitzer erkundigen: Asociación de Agroturismo Balear, Calle Foners 1–5E, E-07006 Palma, Tel. 770336, Fax 770926. Die Vereinigung vertritt die Besitzer von über 20 bäuerlichen Anwesen, von denen 14 in einem Prospekt vorgestellt werden, den es auch in einer deutschsprachigen Ausgabe gibt. Sein Titel: »Ferien auf dem Bauerngut – die Balearen, wie sie keiner kennt«.

Kleidung

In den Städten und größeren Orten, erst recht bei Besuchen in Gotteshäusern oder Museen, sollte der Reisende auf angemessene Kleidung achten, auch wenn an den Stränden die große Nacktheit erlaubt ist. Damen in Shorts und Herren mit nacktem Oberkörper hat man in den Straßen von Palma nicht so gern.

Klima und Reisezeit

Auf Mallorca kann man, das ist längst bekannt, das ganze Jahr über Ferien machen. Das Frühjahr mit richtig warmen Tagen schon ab Februar, in dem die Mandelblüte zu sehen ist, lädt besonders die Naturfreunde ein. Auf die Mandelblüten folgen die Pfirsichblüten (März) und das erste zarte Frühlingsblühen. Dann tragen die meisten Zitronen- und Orangenbäume Blüte und Frucht gleichzeitig. Ostern beginnt schon die Hauptreisezeit, wobei es bis Anfang Mai am Abend noch kühl werden kann. Ab Ende des Monats beginnt das Mittelmeer mit 18 bis 20 Grad Celsius warm zu werden. Die Temperatur steigt dann bei kontinuierlicher täglicher Sonneneinstrahlung bis zum August auf 28 Grad. Erst im Oktober gibt es die ersten Regengüsse des Herbstes. Aber auch in den Wintermonaten Dezember und Januar sind schöne Sonnentage keine Seltenheit, weshalb sich Mallorca in den letzten beiden Jahrzehnten immer mehr als Insel zum Überwintern empfohlen hat.

Lebende Tiere

Für Katzen und Hunde brauchen Reisende ein Gesundheitszeugnis, das nicht älter als zehn Tage sein darf, und ein Tollwutimpfzeugnis. Die Impfung muß mindestens einen Monat vor Reiseantritt stattgefunden haben, darf aber auch nicht länger als zwölf Monate her sein. Von der Impfpflicht befreit sind Hunde und Katzen im Alter bis zu drei Monaten. Für Hunde besteht wie in ganz Spanien Maulkorbpflicht, auch wenn Sie viele Hunde sehen werden, deren Besitzer, insbesondere Spanier selber, sich nicht daran halten. Falls Hund oder Katze krank werden, verspricht die »Tierhilfe Mallorca« (Tel. 1054 77 oder 69 21 06) Rat.

Leihfahrzeuge

Gerade in den Touristenzentren kann man vom Auto über das Motorrad, das Moped und die Vespa bis hin zum Fahrrad alles mieten. Die Mietpreise richten sich nach der Dauer der Miete. Langmieter, die ihr Auto mehr als einen Monat fahren wollen, zahlen bei einigen Vermietern am Ende sogar nur die Mehrwertsteuer und die Versicherungsprämien.

Medien

Neben den spanischen und mallorquinischen Tageszeitungen bekommt man in Palma und allen größeren Ferienorten auch alle wichtigen überregionalen deutschen Tages- und Wochenzeitungen, Magazine und Illustrierten. Wöchentlich (Erscheinungstag: Samstag) informiert seit nunmehr 20 Jahren das deutschsprachige »Mallorca Magazin«. Mit viel Liebe zum Detail berichten die Redakteure über das aktuelle Geschehen auf der Insel, lassen aber auch immer wieder wichtige Informationen für Touristen (Öffnungszeiten der Museen, Terminkalender etc.) einfließen. Das »Mallorca Magazin« wird im Abonnement auch ins Ausland verschickt. Fernsehen, per Satellit auch aus Deutschland, bieten die meisten Hotels ihren Gästen an.

Medizinische Versorgung

Mallorca hat eine einheitliche Notrufnummer: 091. Ärztliche Hilfe bekommt man auch unter der Rufnummer 22 21 79 und in der von deutschen Fachärzten geleiteten Euroclinic Son Veri Nou, Salida 5 (Cala Blava) von der Autobahn Palma–Santanyi, Tel. 74 00 19. Die Apotheken heißen »farmacias«. Man erkennt sie an einem grünen Kreuz.

Polizei

Man unterscheidet auf Mallorca drei Polizeitruppen. Die Guardia Civil in grüner Uniform ist zuständig für die Landgemeinden, den Objektschutz (Flughafen) und den Straßenverkehr außerhalb der Ortschaften. Die Policia Nacional in dunkelblauen Uniformen, zu der auch die Ausländerpolizei gehört, widmet sich ausschließlich der Kriminalität in Palma und an der Playa de Palma. Die Policia Municipal in blauer Uniform ist in Palma und den größeren Städten für den Straßenverkehr zuständig. Notrufnummern sind: 061, 091 und 092.

Post

Die Postämter haben meist nur vormittags geöffnet. Briefmarken (für Briefe und Ansichtskarten nach Deutschland braucht man welche im Wert von 55 ptas) gibt es auch in Tabakwarengeschäften, die man am Schild »tabacos« erkennt. Die Briefkästen sind knallgelbe Blechtrommeln mit zwei roten Streifen.

Telefon

Wer von Mallorca ins Ausland telefonieren will, wählt die Auslandsvorwahl 07 und wartet auf den Signalton. Dann kommt die nationale Vorwahl: 49 für Deutschland, 43 für Österreich, 41 für die Schweiz. Schließlich wählt man die Ortsnetzkennzahl ohne Null und die Rufnummer des Teilnehmers. Die Vorwahl aus den deutschsprachigen Ländern nach Mallorca ist 00 34–71.

Einband/Vorderseite:
Bucht nahe Cala Santanyi

Einband/Rückseite:
Blick aus dem Herrenhaus Son Marroig (oben), Kathedrale La Seo in Palma (unten links), Orangenzweige (unten rechts)

Vorsatz:
Es Plá, die Mitte Mallorcas, ist das Zentrum der Landwirtschaft.

Nachsatz:
Der arabische Name »sulliar« (Tal des Goldes) stand Pate bei der Namensgebung von Sóller und Puerto de Sóller. Gemeint ist die im Hinterland des Hafens gelegene Huerta mit ihren goldroten Früchten wie Apfelsinen.

Seite 1:
Schon in römischer Zeit galt die Bucht von Sóller als guter Anker- und Landeplatz für Eroberer und Piraten. Die fast kreisrunde Bucht wird auf beiden Seiten von einem Leuchtturm flankiert.

Seite 2/3:
Im Abendlicht scheinen die Maqués-Steinquader, aus denen Palmas Kathedrale La Seo hauptsächlich gebaut wurde, mit großer Leuchtkraft zu glühen.

Seite 4/5:
Gerade an der Westküste Mallorcas ragen immer wieder kleine felsige Kaps wie Fühler in das tiefblaue Mittelmeer hinaus.

Fotonachweis:
Transglobe Agency, Hamburg, © Hetet (Titelmotiv). Alle übrigen Fotos: Ernst Wrba.

Übersichtskarte S. 6/7:
Ingenieurbüro für Kartographie
Heidi Schmalfuß, München.

Gedruckt auf chlorfrei gebleichtem Papier

Die Deutsche Bibliothek – CIP-Einheitsaufnahme
Mallorca / Text Rainer Stiller. Fotos Ernst Wrba. – München : Bruckmann, 1995
(Wo es am schönsten ist)
ISBN 3-7654-2676-8
NE: Stiller, Rainer; Wrba, Ernst

© 1995 F. Bruckmann KG, München
Alle Rechte vorbehalten
Gesamtherstellung: Bruckmann, München
Printed in Germany
ISBN 3-7654-2676-8